AF224789

Couverture inférieure manquante

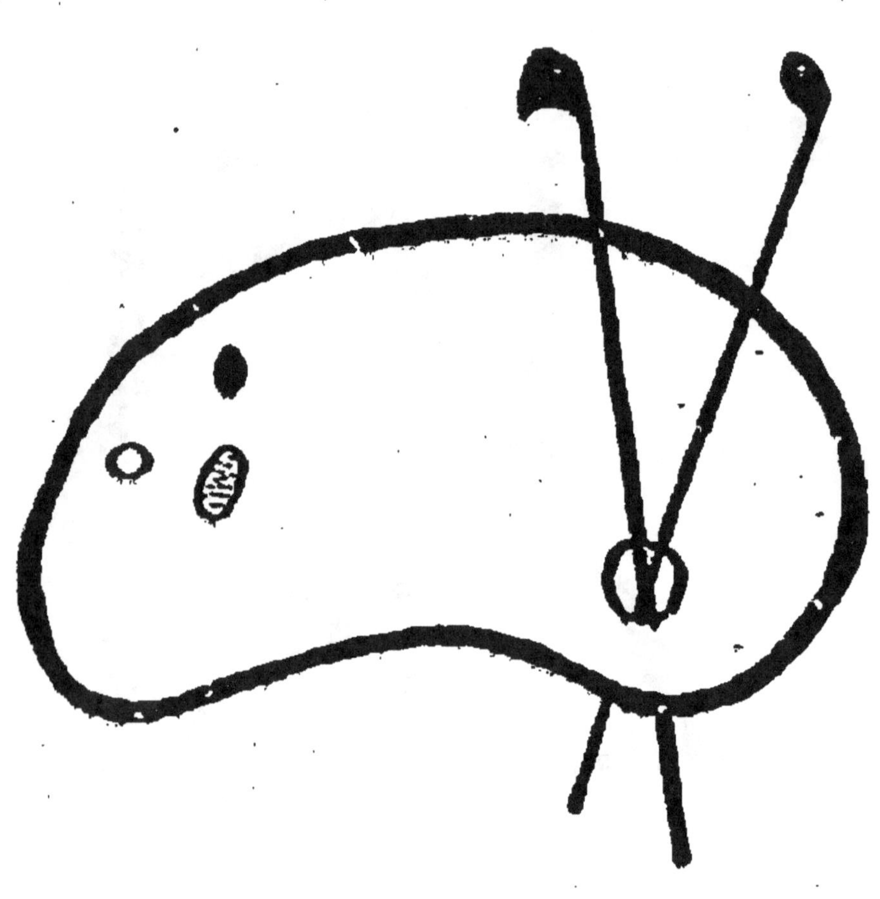

DEBUT D'UNE SERIE DE DOCUMENTS
EN COULEUR

Edmond POUPÉ

Les Pontevès=Bargème
et la Ligue en Provence

Correspondance relative à la prise d'armes carciste
de 1578-1579

(Extrait des *Annales de la Société d'Études Provençales*)

AIX
TYPOGRAPHIE ET LITHOGRAPHIE B. NIEL
Rue Emeric-David, 5
1905

5322

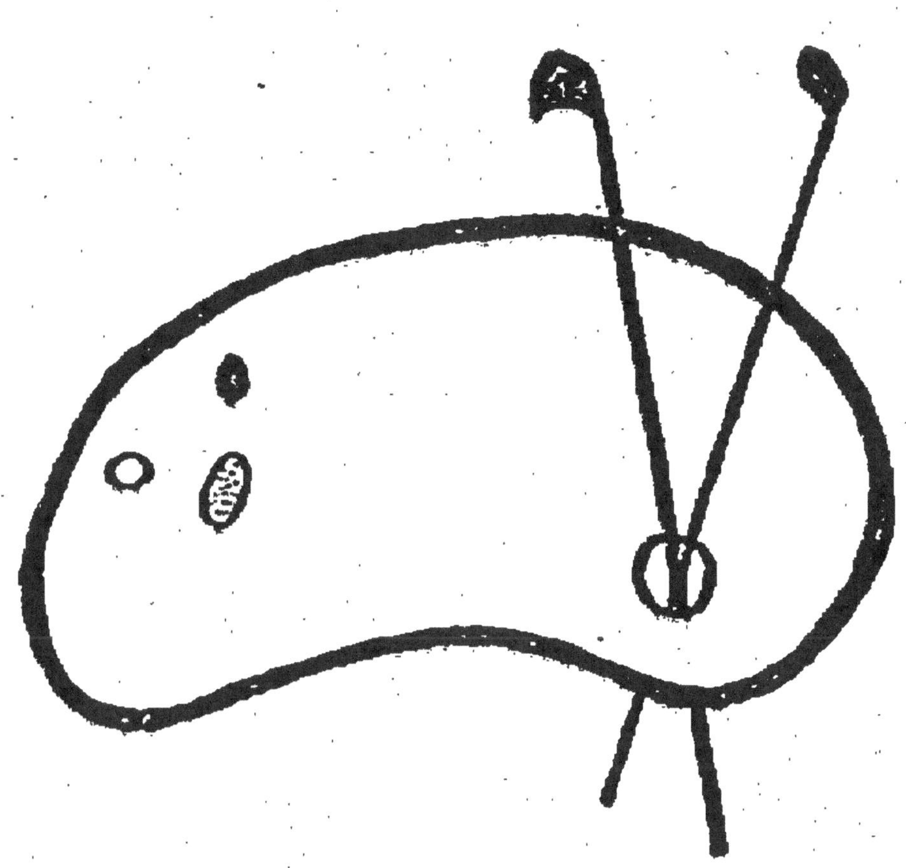

FIN D'UNE SERIE DE DOCUMENTS
EN COULEUR

EDMOND POUPÉ

La Ligue en Provence
et les Pontevès-Bargème

CORRESPONDANCE
RELATIVE A LA PRISE D'ARMES CARCISTE DE 1578-1579

(Extrait des *Annales de la Société d'Etudes provençales*)

AIX
TYPOGRAPHIE ET LITHOGRAPHIE B. NIEL
Rue Emeric-David, 5
1904

La Ligue en Provence et les Pontevès-Bargème

Correspondance relative à la prise d'armes Carciste de 1578-1579

Le samedi 25 avril 1579, Jean Durand, avocat au siège de Draguignan, venu à Callas [1] pour informer sur les « excès » commis dans cette localité par les troupes du baron de Vins [2], pendant leur double séjour, du samedi 8 novembre au lundi 1er décembre 1578 et du mardi 3 au vendredi 6 mars 1579, se préparait à monter à cheval pour retourner à Draguignan,

[1] Arrondissement de Draguignan, chef-lieu de canton. — Jean Durand informait en suite d'une requête des consuls au sénéchal de Draguignan, en date du 22 avril (Arch. commun. de Callas. FF. 138), comme plus ancien avocat, en empêchement du lieutenant-général de la sénéchaussée et des conseillers qui avaient cessé de siéger le 26 septembre 1578 et ne reprirent leurs fonctions que le 26 juin 1579. (Arch. dép. Var, B. 374, f. 584). — Le procès-verbal de Jean Durand se trouve dans le dossier précité des archives communales de Callas.

[2] Hubert Garde de Vins, très probablement né à Draguignan fin 1539 (Bull. de la Soc. d'Et. de Draguignan, t. xx, 1894-95, p. 51; *Le lieu de naissance du baron de Vins*, par M. Mireur), était fils de Gaspard Garde, seigneur de Vins, président au Parlement, et de Honorée de Pontevès, fille d'Honoré de Pontevès, seigneur de Flassans, Cotignac, Carcès, Artignosc, et sœur de Jean de Pontevès, comte de Carcès. (*Généalogie des Sabran-Pontevès*, p. 38, Arch. dép. Var). Il mourut au siège de Grasse en novembre 1589. — Parmi les autres seigneurs qui prirent part à cette expédition figurent ceux de Salernes, de Gréoulx, d'Oize, de la Colombe, de Tourves, d'Eoulx, du Villar, de Gaud, de la Verdière, le cadet de Signon, les capitaines Beuf, du Buisson, Sigalloni et les fils de Jean-Baptiste de Pontevès-Bargème. L'effectif des troupes *carcistes* (ligueurs catholiques) était d'environ 3.000 hommes. Voir l'enquête précitée de Jean Durand et celle de Michel Thomé, conseiller au Parlement de Grenoble, faite en 1584. Callas, Arch. comm. FF. 138 et 139. Voir aussi une étude de M. Brieu, *l'Assassinat du seigneur de Callas en 1579*, dans le Bull. de la Soc. d'Et. de Draguignan, t. vii, (1868-1869), p. 101.

quand Antoine Martin, procureur de la communauté, l'avisa que le capitaine Jacques Sossy, du parti razat (royalistes protestants), qui s'était emparé du château seigneurial le vendredi 10 avril [1], avait en sa possession diverses « missives » envoyées à Jean-Baptiste de Pontevès, seigneur de Bargème et de Callas, par son fils Joseph, Hubert de Vins et « aultres capitaines ». Il l'invita à se les faire exhiber pour les insérer dans son procès-verbal, tout au moins celles qui pouvaient intéresser la communauté [2]. Jean Durand fit aussitôt appeler le capitaine Sossy et le somma de lui remettre sous trois jours, à peine de mille écus d'amende, les papiers dont il était détenteur. Ce fut seulement onze jours après que Jacques Sossy se rendit à Draguignan et remit à Jean Durand les documents réclamés.

Celui-ci les fit copier à la suite de son procès-verbal d'information. Les originaux furent remis à la communauté qui les produisit plus tard au procès qu'elle eut à soutenir contre les héritiers de Jean-Baptiste de Pontevès, comme responsable de l'assassinat de ce dernier [3], le 24 mai 1579, par quelques soldats du capitaine Sossy [4].

C'est grâce à cette particularité qu'ils ont été conservés presque en totalité.

Ils comprennent trente et une lettres de Joseph de Pontevès, trois de son père Jean-Baptiste, deux de Jean de Ponte-

---

[1] Sur la prise du château de Callas, voir l'article précité de M. Brieu et ci-après les *Extraits d'une déposition d'Honoré Abram*.

[2] M. Brieu a reproduit des fragments de quelques unes de ces lettres, mais en rajeunissant l'orthographe. De plus il y a quelques erreurs de lecture. Pour ces motifs une nouvelle publication ne fait pas double emploi.

[3] Sur ce procès, voir Arch. comm., FF. 51 à 61. Il ne se termina qu'en 1613. Les demandeurs furent déboutés. Pour que personne n'en ignorât, la communauté fit imprimer à cent exemplaires par Nicolas Barboto, imprimeur à Paris, l'arrêt du Conseil privé la mettant hors de cause. En 1608, il avait déjà imprimé un factum en faveur des défendeurs. Voir séances du Conseil communal de Callas des 6 juillet 1608, 14 avril 1613. BB. 28, f. 102 v°, et BB. 33, f. 107, et un exemplaire de cette double publication. FF. 60 et 61.

[4] Voir l'article cité de M. Brieu et ci-après les *Extraits d'une déposition d'Honoré Abram*.

vès, comte de Carcès, une de Louise de Trans, femme de Joseph, une de Hubert de Vins, deux rôles de soldats ou d'habitants de Callas, un mémoire et un fragment de lettre de la main de Jean-Baptiste de Pontevès, enfin un alphabet conventionnel permettant à ce dernier de correspondre secrètement avec son fils.

Tous ces documents méritent d'être publiés [1]. Ils sont intéressants au point de vue l'histoire générale comme de l'histoire locale. Ils fournissent des renseignements sur le caractère, l'état d'esprit des signataires et des destinataires. Le vocabulaire et le style même ne sont pas sans provoquer quelques réflexions de linguistique.

La première lettre de Joseph de Pontevès est du 3 septembre 1578, la dernière du 9 mars 1579. Pendant cette période d'à peu près sept mois, il mit ses correspondants au courant de toutes les nouvelles qu'il apprenait. Lieutenant préféré de de Vins, il sait par lui les espérances des Carcistes, leurs projets pour forcer le comte de Suze à résilier ses fonctions de gouverneur. Il connait les agissements, en Languedoc, de Catherine de Médicis dont il a lu peut être les lettres adressées à de Vins ; il s'inquiète de ce qui se passe en Bourgogne, en Normandie, en Dauphiné, est convaincu de la prochaine défaite des Razats, et croit — ou feint de croire — qu'Henri III la verrait sans déplaisir. Sans doute les lettres de Joseph de Pontevès, au point de vue général, n'apprennent rien de nouveau, mais elles confirment et précisent certains faits.

Au point de vue de l'histoire des guerres de religion en Provence et de l'histoire particulière de Callas, elles sont naturellement plus importantes. Dans le premier cas, elles complètent les renseignements que donnent les archives communales du département du Var, dans le second elles fournissent sur les rapports du seigneur et de la communauté des détails que les documents officiels ne mentionnent pas.

[1] Sauf le rôle des habitants qui ne présente pas grand intérêt.

Les héritiers de Jean-Baptiste de Pontevès, en apprenant que la communauté versait à son dossier les documents précédents, produisirent de leur côté, une lettre de Françoise d'Agoult, femme de Jean-Baptiste, dans laquelle elle donne quelques détails sur la prise du château seigneurial et énumère les objets mobiliers dont s'emparèrent les vainqueurs. Il a paru utile d'en publier aussi le texte intégral. Enfin nous avons cru devoir faire précéder cette correspondance d'un récit détaillé inédit des circonstances où fut tué Jean-Baptiste de Pontevès et de notes généalogiques sur ce personnage et ses enfants.

Edmond Poupé.

Extraits d'une déposition d'Honoré Abram, ancien juge seigneurial, sur la prise du château de Callas par Jacques Sossy et l'assassinat de Jean-Baptiste de Pontevès.

« En ses entrefaictes, ung cappitaine Jacques Sossy qu'estoit en guarnison à Figuenières pour les Rasas, va avoir intelligence avecq ung souldat dud. chateau nommé Honora Gauby, de Callas, qui introduit led. Socy et sa troupe dans led. château, sur la diane.. Lhors Pierre de Pontevès descendit dudit chateau par le trou des privés où il avoit attaché ung linceul mais il ne fust guere loing qu'il ne fut assomé... dans la terre du seigneur de Clavier. Et led. Jean Babtiste de Pontevès s'estant armé d'une escaille et mis sa robbe de pellisse au dessus sortit à la salle de son chateau où estoit led. Socy et à sa suitte, lesquels appercevant lad. escaille sur le dos dud. seigneur luy dirent : « Ha ! tu es armé, meschant rebelle au roy », et luy ruarent ung infinité de coups de baston ferré, de sorte qu'ils le tumbarent par terre où ils le battirent estrangement ; menarent led. tesmoing en une fosse ou prison séparée de son maistre, ensemble Baltezar, autre fils dud.

seigneur. Vray est qu'ils les assembloient despuis pour les faire manger, mais ils avoient l'esthomac si plain de tristesse que autre chose n'y pouvoit entrer. Et s'appercevant bien led. tesmoing que led. feu seigneur estoit fort accouraigé d'en prandre vengeance, car encores que ne luy ozat parler, neantmoings en le regardant, il se mourdoit le doibt et battoit les poings, chose que luy nuisoit, et tenoit les souldats indignés contre luy. Quand à la dame de leans, ilz la laissoient aller çà et là par le chateau ou bon lui sembloit, luy ayant toutesfois osté les clefs, buttent tout le meuble qu'estoit leans et party ensemble. Enfin elle se retira en ville chez Jean Jouffrey [Jean Giran dit Suffren] avecq une chambrière et led. tesmoing en sortit aussy après qu'il heut payé cent escus de rançon autrement l'heussent tué... Bien a ouy dire au deffunct Jean-Bastiste de Pontevès pendant sa prison que s'il en pouvoit sortir, il s'en fut bien vengé au moyen de son malheureux, ainssy appelloit-il Joseph de Pontevès son fils... Dépose en outre que quatre ou cinq jours après la prinse dud. chateau de Callas, certains desd. soldats firent manger ou boyre de poyson aud. seigneur et sa femme et à une chambrière, de quoy la chambrière mourut deux ou trois jours appres et sesd. maistre et maistresse bien fort mallades, et quand à Baltezard, leur fils, il n'en mangent point combien qu'il vesquit d'ordinaire avecq lesd. soldats, que fut cause que lad. dame s'en sortit et s'en alla demourer à la ville comme sur a depposé .. Dict que véritablement il n'y avoit que trois de la garnison du chateau avecq lesquels led. Socy heut intelligence quand il les surprint, desquels ung appellé Garrel estoit le principal comme sus a dict, Jean de Leve et Michel Giraud dict Beylon luy adherens, ce que fut bien recogneu l'hors que l'anbuscade sortit de l'eglize Saint-Pierre où elle estoit venue toute la nuict et se presentarent à la porte, car ce faict, led. Garrel que leur fut ouvrir feignant de vouloir aller en ville leur bailler le signe et soudain revint les conduisant, demandant sa seinture et poingnard qu'il avoit oublyé leans, pour faire

ouvrir la porte, ce que fut faict. Et lhors l'anbuscade entra à
sa suitte sans que led. Beylon et Leve eussent demeuré en def-
fance, ny que les estrangiers les chargeassent. Les autres soldats du chateau se mirent bien en leur debvoir, mais après
qu'ils en heurent tué ung apellé Anthoyne Fougeiret et blessé
ung Estienne Gandil, fust deffoncé le reste, car ils n'estoient
que huict et leur capitaine Pierre de Pontevès s'en estoit
fouy, comme sus a dict, comme firent en après tous les susdits, les uns sortant par la fenestre, les autres par les privés,
les autres par la tourraiche[1] ».

« Les... soldats mandarent querir quatre hommes dans la
ville pour pourter dans une chere led. seigneur vers sa femme,
car autrement n'y heut sceu aller à cause qu'il avoit esté blessé
au genoil d'une pointe de baston ferré et comme il feust par
chemin en place ou sept ou huict desd. soldatz de la suitte de
Socy qu'avoient surprins led. chateau, natifs toutesfois dud.
Callas, luy ostarent premièrement son chappeau, l'autre sa
robbe, l'autre les solliers, puis l'un commença à lui donner
un coup de dague par dernier, sur quoy il se leva sur les pieds,
comme s'il heut voulu empoingner quelque chose ou s'appuyer,
mais le reste desd. soldats luy plongèrent force coups de
poincte d'espée, tellement que son corps tumba mort en
plaine rue, et les meurtriers se retirarent au chateau sans
que jamais aucun luy ozat donner secours, car les larrons
qu'avoient surprins le chateau, dominerent tellement la ville,
qu'aucun n'ozoit sourtir, ayant auparadvant et puis longtemps
esté altérés par les mauls qu'ilz avoient soufferts... Lesd. du
chasteau ne pouvoient estre en plus grand nombre que de
vingt personnes, mais pour ce qu'ilz avoient moyen en appeler
plusieurs autres et faire du mal à la ville, aucun ne leur osoit

---

[1] Arch. comm. de Callas, FF. 139. Pour les noms des rasats qui s'emparèrent du château, d'ailleurs très diversement orthographiés, voir aussi le procès-verbal de l'enquête Charlan, FF. 140, la lettre de Françoise d'Agoult
publiée plus loin et le dossier FF. 143.

contredire, car ilz ne parloient rien moings que de les faire tous mourir... Toutesfois les habitants qui se trouvarent dans la ville ne laissarent d'aller fere enlever le corps de leur seigneur et le firent enterrer honorablement au sepulchre de ses ancestres et continuer le service divin ainsy que de coutume... Quand led. seigneur fust tué, led. tesmoing le vit, estant desia sourty de prison et qu'il n'y avoit aucuns hommes par la ville, estant jour de travail, et les quatre hommes que l'on manda querir en ville pour le pourter estoient de pauvres portefais, laboureurs, sans moyen et couraige, lesquels en estoient innouceans, sans moyen et bien fachez comme ils en demonstroient par les larmes que led. tesmoin leur en vit jetter et se mirent à fouir quand on fist ce massacre, comme aussi fouyrent les femmes que se trouvarent seulement par ceste rue là [1]. »

───────────

NOTES GÉNÉALOGIQUES

SUR

Jean-Baptiste de Pontevès et ses enfants [2]

───────────

Jean-Baptiste de Pontevès, seigneur de Bargème, Brovès, Callas, Comps, Pennafort, etc., fils d'Antoine de Pontevès, décédé en 1505, et d'Honorade de Glandevès-Faucon, fille de Raymond de Glandevès, seigneur de Faucon, grand sénéchal

---

[1] Arch. comm. de Callas. FF. 139. Extrait de la déposition de Gaspard Digne, notaire, de Bargemon, sur le même fait. « Estant à la placette... à l'endroit de la boucherie [les soldats] l'auroient tué et murtry et donné plus de cent coups taut de pougnal, d'espée, bastons farrés et pierres. » — Extrait de la déposition de Pierre Magnaud, de Callas : « Le seoir que [Jean-Baptiste de Pontevès] fust tué, estant luy arrivé, manda une sienne chambrière pour le couldre et couvrir d'un linçeul, et le feust enceppelly le mesme jour à l'eglize. Et quand on pourtoiet le courps, les sindictz dud. lieu et plusieurs autres l'acompagnant jusques à la thombe. » Voir Enquête Chailan, FF. 140.

[2] Extraites de la *Généalogie des Sabran-Pontevès*, p. 41, complétées à l'aide de documents des Archives de Callas.

de Provence et de Baptistine dè Forbin-Solliès, né posthume [1], fit hommage pour ses seigneuries le 5 mai 1548, devint lieutenant général pour le Roi en Provence, suivit François Ier dans toutes ses expéditions et testa le 31 mars 1539, le 18 septembre 1569, le 4 mars 1574 [2]. Assassiné à Callas le 24 mai 1579.

Il avait épousé :

1° Honorée de Foix, fille de Jean de Foix, vicomte de Meille, et d'Anne de Villeneuve-Trans et sœur de la comtesse de Tende ; morte sans enfants [3] ;

2° Par contrat du 25 janvier 1525 Françoise d'Agoult, fille de Jean d'Agoult, seigneur d'Ollières et de Marguerite de Glandevès, décédée en 1581 ou 1582 [4].

De ce second mariage issurent :

1° Joseph de Pontevès dont l'article suit ;

2° Pierre de Pontevès, sieur de Brovès, assassiné à Callas en avril 1579, lors de la prise du château ;

3° Jean-Baptiste de Pontevès, sieur de Séail, présenté à Malte en 1573, assassiné à Bargème en 1579 avec son frère Joseph ;

4° Fouque de Pontevès, sieur d'Esclans, baptisé à Callas le 10 septembre 1560 [5], présenté à Malte en 1573 hérita de son neveu Antoine, épousa par contrat du 9 juillet 1588 Lucrèce de Demandolx-Trigance, fille de Jean de Demandolx-Trigance et de Claudine de Vintimille-Tende-Lascaris ; par contrat du 2 juillet 1596, Lucrèce de Villeneuve-Tourrettes, fille de Jean de Villeneuve, seigneur de Tourrettes-lès-Fayence et de Pierrette d'Oraison ; mourut après 1625 ;

---

[1] Ce renseignement ne concorde pas avec ceux que fournissent lesdites Archives. Jean-Baptiste aurait été octogénaire en 1579, Cf. FF. 51. Copie de contredits et FF. 140, déposition d'Antoine Grégoire, prêtre.

[2] Voir le texte du testament. Callas, Arch. Comm. DD. 4.

[3] Le testament de 1574 la nomme Honorate de Fox.

[4] Cf. Arch. Comm. FF. 50, 51.

[5] Id. GG. 17.

5° Balthazar de Pontevès, sieur de Pennafort, présenté à Malte en 1573, assassiné à Bargème en 1581 ;

6° Isabeau de Pontevès, mariée par contrat du 23 novembre 1572 [1] à Honoré dit Ours de Villeneuve, baron de Barrême et de Brunet, fils de Claude de Villeneuve, marquis de Trans et d'Isabeau de Feltre ;

7° Catherine, religieuse du couvent Sainte-Claire de Marseille [2] ;

8° Honorate, religieuse du couvent de Sainte-Claire de Grenoble ; vivait encore en juin 1605 [3] ;

9° Marguerite,   id.   id.

10° Baptistine, religieuse au couvent de Sainte-Claire d'Aix ;

11° Françoise,   id.   id.

12° Jeanne, baptisée à Callas, le 29 septembre 1551 [4],

Joseph de Pontevès, sieur de Callas, puis seigneur de Bargème, marié par contrat du 16 novembre 1569 [5] avec Louise de Villeneuve-Trans, fille de Claude de Villeneuve, marquis de Trans et d'Isabeau de Feltre, testa le 16 juillet 1579, assassiné à Bargème, par des gens masqués, commencement septembre de cette même année [6]. Sa veuve épousa par contrat du 10 août 1587 Marc-Antoine de Foissard, fils d'Antoine, seigneur de Saint-Jeannet et de Catherine-Vincent d'Agoult de Rognes [7]. Elle testa le 24 mars 1592 [8] et mourut en 1607 [9].

[1] Cf. testament de Jean-Baptiste de 1574. DD. 4.

[2] Pour Catherine et les autres filles Cf. testament de 1569. DD. 4.

[3] Cf. Cons. Comm. de Callas, séance du 5 juin 1605. BB. 25, f. 124 v.

[4] Cf. Callas, Arch. Comm. GG. 17.

[5] En voir le texte. DD. 4.

[6] C'est à cet assassinat que fait allusion Catherine de Médicis dans ses lettres des 14, 15 septembre, 8 octobre 1579. Cf. Baguenault de Puchesse. *Lettres de Catherine de Médicis*. VII. p. 129, 131, 158. Cf. déposition d'Honoré Abram, Enquête Thomé. FF. 139.

[7] Cf. *Généalogie des Villeneuve*. De Juigné de Lassigny. I. p. 65.

[8] Voir le texte DD. 4.

[9] Cf. FF. 59. 60 ; DD. 5.

De l'union de Joseph de Pontevès et de Louise de Villeneuve issurent :

1° Claude de Pontevès, seigneur de Callas qui testa le 27 juin 1588 [1];

2° Antoine de Pontevès, qui testa le 9 mars 1592 [2] et fut assassiné en 1595 à Bargème [3] ;

3° Françoise ;

4° Lucrèce baptisée à Draguignan, le 4 mars 1576;

5° Marguerite, baptisée à Draguignan le 20 mai 1580.

CORRESPONDANCE

I

Jean de Pontevès, comte de Carcès, à Jean-Baptiste de Pontevès, seigneur de Bargème

A Monsieur mon cousin,
Monsieur de Bargème, [4]

Monsieur mon cousin, j'envoye le sieur de Brovès [5] votre filz exprès devers vous pour vous fere entendre l'estat des affaires et comme il est besoing que vous preniez garde en vos maisons pour prevenir les entreprinses qu'on y bastit ordinairement, ce que je vous prie de fere avecques le plus de soing qu'il vous sera possible, ne pouvant vous en donner aucun moyen pour astheure et jusques au retour du sieur de Callas vostre filz [6] par lequel j'en suis attendu. J'ay beaucoup à louer au reste les vertus et valleur dudit sieur de Brovès et luy desire de bon cueur autant d'heur et advancement que si c'estoit mon propre filz. Me recomande sur ceste verité

---

[1] Voir le texte. Arch. Comm. Callas. DD. 4.
[2] Id.   id.
[3] Cf. Callas. Arch. Comm. FF. 53 et 148.
[4] Copie. Callas, Arch. comm., FF. 138. f° 29.
[5] Pierre de Pontevès.
[6] Joseph de Pontevès.

affectueusement à vostre bonne grace, priant Dieu vous donner, Monsieur mon cousin, en santé très longue vie.

A Aix, le XIIIme apvril 1577.

Vostre à jamais plus affectueux cousin,

CARCÈS. [1]

II

Jean de Pontevès, comte de Carcès, à Jean-Baptiste de Pontevès, seigneur de Bargème

A Monsieur,
Monsieur de Bargème, [2]

Monsieur mon cousin, j'ay receu vostre lettre et treuvé très bonne vostre contenance à l'endroit de ceulx qui vous ont vollu persuader de prendre le domageable parti qu'ilz ont embrassé, vous remerciant de très bon cueur de l'advertissement qu'il vous plaist de m'en donner avec priere de fere estat que lorsque j'en auray le moyen vous me trouverès très disposé de vous en despartir pour vous rellever de la despense qu'il vous convient fere pour la garde de voz maisons ainsi que je vous ay cy-devant escript, et d'auttant que le sieur de Callas [3] vous faict, à mon advis, bien particullierement entendre tout ce qu'il a apporté de nouveau de la court, je ne vous en diray aucune chose par la presente, seulement me contenteray de supplier au createur, après mes affectionnées recomandations à vostre bonne grace, qu'il vous doint, Monsieur mon cousin, ce que mieulx desirès.

A Aix, le XXIme apvril 1577.

Vostre à jamais plus affectioné et asseuré cousin,

CARCÈS.

---

[1] Jean de Pontevès, premier comte de Carcès, né à Flassans en 1512, y décédé le 20 avril 1582. Cf. *Généalogie des Sabran-Pontevès*, p. 38. (Arch. dép., Var).

[2] Copie, Callas, Arch. comm. FF. 138 f 29.

[3] Joseph de Pontevès.

III

Joseph de Pontevès à son frère Jean-Baptiste de Pontevès

A monsieur mon frère,

Monsieur de Séail, [1]

Monsieur mon frère, je vous prie bailler au presant porteur la recepte pour la tous du cheval. Je suis suis *(sic)* adverti que Teneron [2] fist dimanche plus d'une cartière de balles et qu'il avoit faict provision de poudre comme en avoint faict de mesmes ceux qui sont de son haleine. On ne scait à quoy ils tandent. Par quoy ne pouvès fallir à tenir l'œil ouvert. De quoy pourrez fere part à mon frere de Brovès [3] d'autant que je n'ay pas loysir a presant de luy escrire, ensamble que il me samble serait bon, s'il est vray que les gens de Callas aient des lettres pour fere payer talhes à monsieur et pouvoir de le fere gager nonobstant opposition, de avoir lettres au contraire et les anticiper. On m'a dit que quelqu'un bravoit à mon absance en faveur d'Antoine Magnaud, mais cella ne m'a sceu destorner que je ne l'aye rangé à la raison en ce que concerne le fornage et ne me gardera point de rompre la teste à ce bravache en tamps et lieu. Si avès quelque chose de noveau, faites m'en participant et je me recomande humblement à vostre bonne grace sans oblier monsieur de Brovès, priant Dieu luy plaise, monsieur mon frère, vous doint en santé bonne et longue vie.

Escript à Bargème [1] le 3me de septambre 1578.

Vostre humble et très aseuré frere à vous obéir,

CALLAS.

---

[1] Jean-Baptiste de Pontevès. Original. Callas. Arch. Comm. FF. 136.

[2] Le seigneur de Taneron. Honoré de Grasse, du parti razat — Fils d'autre Honoré et de Louise de Berre de Collongues, marié le 13 juillet 1570, à Callian, à Lucrèce de Renaud, tué d'un coup de mousquet au siége de Grasse le 25 novembre 1589. Cf. *Généalogie de la famille de Grasse*, p. 374 (Arch. Dép. Var). — Le 12 novembre 1578, il fut choisi par le Conseil Communal de Fréjus comme gouverneur de la ville. Cf. Arch. comm. BB. 4 f° 38.

[3] Pierre de Pontevès.

[4] Arrond. de Draguignan, canton de Comps.

IV

Joseph de Pontevès au capitaine Gardési

Au capitaine Gardési à Callas, [1]

Capitaine Gardesi, je vous prie que vous et le sergent Garret faciez en sorte que tous ces bons compaignons qu'estoient avec vous aultres que soyent tous pretz, et si est possible d'en ramasser quelques aultres sera tant mieux. Et Dieu aidant, ilz y seront recogneus de leurs peines et bonne volunté. Comme oultre cella je vous asseure que je ne les manqueray point de mes moyens et surtout à vous aultres. Si Thomé Fugeret [2] ne laisse toutes choses pour venir avec moy il aura tort et me fera deplasir et si perdra plus que ne pense. Je vous recomande le tout et me recomande de bon cueur à vous et au sergent Garret et le sergent Paradis et les aultres.

Escript à Bargème le xvme de septembre 1578.

Vostre entier et bon amy,

CALLAS.

[1] Copie. Callas. Arch. Comm. FF. 138 f° 19 v°.

[2] En 1578, « vers la Trinité », Joseph de Pontevès avait fait demander par l'intermédiaire de ses frères Pierre et Jean-Baptiste à Thomé Fougeiret, travailleur de Callas, âgé de 34 ans, de servir sous ses ordres contre les Razats. A deux reprises Fougeiret refusa. Il finit par prendre du service au château de Callas. Cf. sa déposition. Enquête Durand. FF. 138. — En août 1578, Jean Baptiste de Pontevès savait que de Vins voulait « se mettre aux champs et lever les armes ». Il était d'avis de l'aider dans son dessein. Cf. déposition Firmin Bresse, jardinier, 23 ans. Même enquête. — Quelques particuliers de Callas répondirent à l'appel de Joseph et fin septembre 1578 se rendirent à Bargème. Déposition Luquet Dolivière, ménager, 21 ans. Même enquête.

V

Louise de Villeneuve à Jean-Baptiste de Pontevès

Monseigneur [1], j'ay despuis entandeu de novelles de monsieur de Callas [2], lequel et aconpagné d'une fort belle troupe et tout les anvirons tranble sous luy et Dieu le favorise de tant qu'il vient au desus de ce qu'il entrepranct. Je ne vous puis avertir autre chose de luy me recomandant tres humblemant à vostre bone grace.

Escript le 11 octobre [1578] après souper.

Vostre très hunble fille,

Loyse DE TRANS [3].

VI

Joseph de Pontevès à son père

A Monseigneur

Monseigneur de Bargème [4],

Monseigneur, nous arrivasmes hier ici au veu et sceu de tous ceux de Draguignan et certainemant tous y alloint de telle volanté que s'ilz y feussent venus il y eussent peu gaigné. A ceste occasion pour veoir de les fere sortir, nous allasmes la pluspart du tamps le tambour battant. Mon frère de Seail [5] estoit des coreurs pour descouvrir, lesquels firent butin de quelque bestail que ilz ont randu moyennant quelque somme

---

[1] C'est-à-dire Jean-Baptiste de Pontevès, seigneur de Bargème et de Callas. Original. Callas. Arch. comm. FF. 136; copie, FF. 138, f° 24 v°.

[2] Joseph de Pontevès.

[3] Louise de Villeneuve-Trans, femme dudit Joseph. Ce dernier avait formé un régiment composé de 6 compagnies de 100 hommes chacune. Cf. diverses dépositions de l'enquête Thomé FF. 139.

[4] Original. Callas. Arch. comm. FF. 136; copie, FF. 138, f° 9 v°.

[5] Jean-Baptiste de Pontevès.

d'argent. Monsieur d'Oise [1] lit sortir hier qui menarent forsse beufz et muletz tant du Luc [2], les Arcz [3] que le Muy [4]. D'autres novelles nous n'avons point, excepté de la discorde qu'est semée parmi noz adverseres dont Estoblon [5] en est retiré à sa maison et le baron d'Allemagne [6] passa advant hier sur le tard acompagné seulemant de quatre ou cinq chevaux, qui s'en va, comme on dist, se retirer en Italie. Si ce secours leur manque, ilz sont assés mal. Monsieur le grand prieur [7] m'a escript une letre de sa grace fort favorable. De tout ce que nous arrivera je vous tiendray adverti, et sur ce je me recomanderay très humblemant à vostre bonne grace, priant Dieu luy plaise, monseigneur, vous donner en santé très heureuse et très longue vie.

Escript à Trans [8] le 18 de octobre 1578.

Ma trouppe a esté trouvée la plus belle que soit arrivée encores ici, et les (*sic*) très bien reçeue [9].

Votre très humble et très obeissant fils.

J[oseph] DE PONTEVÈS.

[1] N. de Brancas, seigneur d'Oyse.
[2] Le Luc. Arrond. de Draguignan, chef-lieu de canton.
[3] Arrond. de Draguignan, canton de Lorgues.
[4] Arrond. de Draguignan, canton de Fréjus.
[5] Thadée de Baschi dit capitaine Estoublon.
[6] Nicolas Dumas de Castellane, baron d'Allemagne, vicomte de Valernes, seigneur de Vitrolles, de Cuers né vers 1547, mort en 1586, épousa suivant contrat du 20 mars 1580 Jeanne de Grasse, fille de Claude, comte du Bar et de Jeanne de Brancas. Cf. *Généalogie des Castellane*. Arch. dép. Var et notes obligeamment communiquées par M. le marquis de Boisgelin, d'Aix.
[7] Henri d'Angoulême, grand prieur de l'ordre de Malte, fils naturel d'Henri II, avait été nommé en 1577 gouverneur de Provence pendant l'absence et la maladie du maréchal de Retz ; bientôt remplacé par le comte de Suze, il se retira à Marseille où il prit le commandement général des galères
[8] Arrond. et canton de Draguignan.
[9] Les troupes de Joseph de Pontevès venaient de Bargème. Elles firent leur concentration à Trans avec celles d'Hubert de Vins qui arrivaient de Salernes. Déposition de Jean Marcellin, ménager, de Figanières, 55 ans. Enquête Durand. FF. 138.

VII

Joseph de Pontevès à son père

A Monseigneur, [1]

Monseigneur, hier nous alasmes rompre le bealage des molins de Draguignan et fusmes à 25 pas des portes. Ils firent une sallier fort honteuse pour la fuite qu'ilz firent aussi soudeine qu'ilz eurent aperceu la brave deliberation des nostres. Est vray que des muralhes une harquebusade toucha fort legerement le cadet de Beaudimant [2], laquelle on luy a tiré du muscle du bras ce matin. Maintenant monsieur de Vins est parti avec toute la cavalerie. Je luy ay baillé 25 de ceux qui sont avec moy à cheval et m'a prié de commander à toute l'infanterie qu'est demeurée ici. De ce que arrivera je vous advertiray me recomandant très humblemant à vostre bonne grace.

Escript le 20 de octobre [1578].

Je n'ay point de cheval qui ne soit employé necesseremant ; je verray d'en recouvrer quelqu'un pour mon frère d'Esclans [3].

Votre très humble et très obéissant,

J[OSEPH] DE PONTEVÈS.

VIII

Joseph de Pontevès à son père

A Monseigneur [1],

Monseigneur, s'il arrivoit quelque chose d'importance, je n'arresterois point tant à vous escripre, comme j'ay faict.

---

[1] Original, Callas, Arch. comm., FF. 136 ; copie, FF. 138, f° 10.

[2] Joseph de Glandevès-Baudument, fils de Pierre Isnard de Glandevès, seigneur de Cuers, de Baudument et du Cannet et de Jeanne de Villeneuve.

[3] Fouque de Pontevès.

[1] Original, Callas, Arch. comm., FF. 136 ; copie, FF. 138, f° 10 v°.

Mais pour néant j'ay crainte de vous ennuyer. Je n'ay point
encores eu de nouvelles de monsieur de Vins, j'en attans
d'heure à heure. A Draguignan ont faict des prisoniers soubs
pretexte de quelque entreprinse, combien que ce ne soit
qu'une pure imposture, comme l'est pire celle de quoy ilz
accusent ceux qu'ilz ont faict pandre au Muy qui estoint
innocens de ce faict. Quand à ces galleres j'ay mandé deux
hommes à Frejus [1], l'un après l'autre pour en estre acertené,
lesquelz ne sont encores de retour. Je pansse que c'est pour
cause de Canes [2]. Le père de Léonard, mon mulatier, avoit
esté faict prisonier par gens de ce lieu que le menarent au
Muy. Il est eschappé et avons prins ung laquay de M. du Muy
qui est ung affeté bien faict. Il faisoit acroire qu'il avoit quitté
son maistre pour le grand chagrin qu'il a. Le père dudit
Léonard l'a descouvert pour manteur. Nous luy ferons trouver
les lettres qu'il a gettées. Il fut un bruit ici qui nous escanda-
liza tous pour ce qu'ils disoint que Teneron [3] vous avoit surprins en vostre chateau et qu'il y menageoit sauvagemant.
Tout aussitost nous feusmes asseurés que il estoit bien en
ceste inique volanté et que seulemant il avoit mandé re-
cognoitre ledit chateau, resolu d'aller essayer de l'aller em-
porter. Qu'est donc chose fort certaine, à quoy, s'il vous plaict,
feres prandre garde. Il s'en veoit de mauvais examples. Bien
heureux celui qui se chatie par autruy. La commodité de ce
chateau avec ce que ils s'assourent de le trouver bien amuni-
tionné leur en feront prandre plus grand envie de l'avoir, et
vous l'incoumodité, ou pour mieux dire la ruine que ce vous
seroit à vostre personne et biens, vous fera fere telle garde
qu'ilz en perdront l'esperance, de quoy je vous suplie tres
humblement, de quelle affection je presante mes recomandations tres humbles à vostre bonne grace et prie Dieu luy

---

[1] Arrond. de Draguignan, chef-lieu de canton.
[2] Alpes-Maritimes. arrond. de Grasse. chef-lieu de canton.
[3] Cf. Lettre III.

plaise, monseigneur, vous donner tres heureuse et tres longue vie.

Escript à Trans le 27 de octobre 1578.

Votre très humble et très obéissant,

J[OSEPH] DE PONTEVÈS.

IX

Joseph de Pontevès à son père

A Monseigneur, [1]

Monseigneur, par Gaspard Requier, de Callas, je vous ay faict antandre comme M. d'Oreison [2], avoit esté contraint de quitter le siège d'Ansuis [3] et que à peine s'estoit-il peu sauver, la plus part de ses gens remis aux trouppes de M. de Vins, et comme à son retour il print par force le chateau de Greoux [4] sans avoir faict aucun desplesir à madame du Broq. Là mon frère de Seail [5] a passé une grande fortune, car ainsi que on sapoit, il tenoit son bras apuyé son [sur] le col du cappitaine Ravoire, regardant la sape. Tout auprès d'eux, du costé qu'ilz regardoint y avoit un flanc lequel n'avoit point encores esté recogneu d'où fut tiré une harquebusade qui passa entre mon frere et ledit cappitaine qui estoint comme embrassés sans que autre y eust mal que ung laquay de M. de Vins qui se ressantit des esclatz de ladite harquebusade, mais c'est comme rien. Autre n'y a prins mal. Despuis nous descouvrimes une antreprinse qui s'alloit executer sur Flayosc [6] avant hier au soir par le moyen du vicaire dudit lieu et d'Antigaille et quelques autres. Les chemins estoint tous saisis par l'ennemi. Toutesfois nous donnasmes si bons moyens tant par

---

[1] Original, Callas, Arch. comm., FF. 136 ; copie, FF. 138, f° 11 v°.
[2] N. marquis d'Oraison.
[3] Ansouis. Vaucluse, arrond. d'Apt, canton de Pertuis.
[4] Basses-Alpes, arrond. de Digne, canton de Valensolle.
[5] Jean-Baptiste de Pontevès.
[6] Arrond. et canton de Draguignan.

argent que autres que de sept advertissemans divers que l'un ne savoit de l'autre, tous y arrivarent à bon port. Sans cella ceux de Flayosc estoint perdus. Il y en a un grand nombre de prisoniers qui sont proches d'estre pandus. D'heure à autre aborde forsse gens à Monsieur de Vins qui est à Greoux. M. Carriolli [1] et M. de Mayrargues [2] sont allés trouver M. de Suse [3] pour le prier de ne vouloir point antrer à ce pais pour éviter et sa ruine et de ceste province [4]. Ledit sieur de Suse vouloit que à Pertuis [5] on permit y loger sa compagnie non en la ville mais à la bourgade en payant, ce qu'ilz n'ont point volu permiettre. La trouppe que le cappitaine Sigalloni [6] a menée pour l'execution que avions ordonné n'est point de retour et n'ay point de ses nouvelles encores, que me faict finir la presante par mes très humbles recomandations à vostre bonne grace, priant Dieu luy plaise, Monseigneur, vous doint en santé très heureuse et très longue vie.

Escript à Trans le 30ᵐᵉ de octobre [1578] sur la nuit.

Vostre très humble et très obéissant,

J[OSEPH] DE P[ONTEVÈS].

[1] Louis de Coriolis, présida le Parlement anti-ligueur de Provence, à Pertuis et à Manosque.

[2] N., seigneur de Meyrargues, 1ᵉʳ consul d'Aix.

[3] François de la Baume, comte de Suze, nommé gouverneur de Provence, était arrivé à Avignon le 9 septembre 1578. Cf. G. Lambert : *Hist. des guerres de religion en Provence.* Bullet. de la Société Académique du Var, 1869, tom. II, p. 190-191. Il mourut le 20 août 1587 au siége du château de Montélimar.

[4] Cette députation eut lieu à la suite d'une assemblée qui se tint à Aix le 28 septembre 1578. Cf. *Mémoires d'Antoine du Pugel, seigneur de Saint-Marc*, p. 30. Bibliothèque Méjanes. Aix, 783 (341-R. 835).

[5] Vaucluse, arrond. d'Apt, chef-lieu de canton.

[6] C'était un capitaine de l'armée de Vins. Il vint à Callas en novembre 1578 et, une nuit, vers le 20, avec une cinquantaine de soldats, il alla jusqu'à Mons où il s'empara de 30 « trenteniers » de bétail que les habitants firent racheter moyennant 6 écus par « trentenier ». Déposition de Jean Jourdan, travailleur, 30 ans ; Jean Musson, travailleur, 30 ans ; Barthélemy Porre, laboureur, 24 ans ; André Porre, ménager, 45 ans ; Claude Sardou, ménager, 44 ans, tous de Mons. Enquête Durand, FF. 138.

X

Joseph de Pontevès à son père

A M[onseigneur][1],

M[onseigneur], je vous escripvis hier que monsieur de Vins
ayant prins le chateau d'Allemagne[2], les trouppes avoyent
vendu le blé qu'ilz y avoint trouvé, ce que j'ay entandu le
contrere par leur venue d'autant que il ne voulut que le ran-
tier portat ceste perte et si luy remit ledit chateau aiant
souare[3] d'autres lieux de plus grand importance. Messieurs du
Parlement et du Païs deputarent messieurs Carriolli et Pellicot[4] avec tout plain de gentilshommes pour s'en aller trouver monsieur le Conte[5] pour le prier de se vouloir employer
à escripre à noz trouppes de vouloir poser les armes ou s'ilz
ne les vouloient poser qu'ils les bessassent jusques à ce qu'on
eust proveu aux moyens de les contanter et provoir sur les
attantas et violances desquelles on avoit volu user contre eux
de quoy on feroit justice examplere et leur bailheroit-on des
lieus pour leur assourance, et, cepandant qu'on travalheroit
aux moyens plus seures et liquides, qu'on manderoit commis-
seres pour leur faire distribuer des vivres a tant qu'ilz seront,
et pour porter ladite lettre ont estés deputés messieurs Espa-
gneti, conseillier, et de Saint-Crois. Pour ce que on n'estoit
point tous assamblés, ils n'ont point faict de response encores.
Bien crois-je que on ne voudra croire que aux effetz avant que
desister. M. de Merargues a déclaré que si autre commandoit
comme gouverneur dans la ville d'Aix que luy, qu'il quitte-

[1] Original. Callas. Arch. comm. FF. 136; copie FF. 138, f 12 v°.
[2] Basses-Alpes, arrond. et canton de Riez.
[3] C'est-à-dire une quantité. Cf. Garcin. *Dictionn. provençal.*
[4] Boniface Pellicot, procureur général près la commission qui remplaça le
Parlement en 1561.
[5] Le comte de Carcès.

roit le chapperon de consul et qu'il voloit que les Corsous [1]
comme extrangiers vuidassent la ville. Je suis esté adverti
que l'ennemi voloit donner six cens escus d'or pour sere randre votre chateau de montagne [2]. Celuy à qui a esté faicte
l'offre le m'est venu dire ce jourd'huy et m'a dit qu'ilz s'asseurent quasi de celuy où vous vous tennez. Mais je croys que
vous y faites veiller, de sorte qu'ilz seront loing de leur conte.
Je vous suplie tres humblement de sere point de bruit de
l'antreprinse de montagne, car par une contretrahison nous
esperons de sere quelque chose de bon. Voyant le tamps, s'il
vous plaisoit preter quelque chambre à ma fame et son menu
peuple ou elle feroit sa despance et s'aideroit en ce qu'il vous
plairroit de la garde, je vous suplie tres humblement le me
sere antandre afin que je provoys pour l'iver, et me recoman-
deroy tres humblemant à vostre bonne grace, priant Dieu,
M[onseigneur], vous doint la sienne en tres longue vie.

Escript à T[rans], le premier de novambre [1578].

Vostre très humble et tres obeissant.

J[OSEPH].

XI

Joseph de Pontevès à son père

A M[onseigneur], [3]

M[onseigneur], j'ay bruslé la lettre que m'avès mandé. Les
choses passent ainsi que je vous escripvis hier et les susdits
présidans avec quelques conseilliers ont esté trouver monsieur
le Conte [4] pour les raisons que vous ay mandé et de là allé

[1] Les Corses commandés par le colonel Alphonse d'Ornano étaient entrés
à Aix, sur l'ordre du Parlement qui craignait que la ville ne tombât entre
les mains des Carcistes. Cf. G. Lambert, *loc. cit.*

[2] C'est-à-dire le château de Bargème.

[3] Original, Callas, Arch. comm., FF. 136; copie, FF. 138, f° 13 verso.

[4] Voir lettre précédente.

trouver monsieur de Suze pour le prier de ne vouloir point antrer en Provances ce que luy bien à propre, d'autant que cella lui servira d'escuse, estant fort en peine pour n'avoir en toutes les forces que les gentishomes que només et siennes troys cens harquebusiers et cent cinquante chevaux, et il scait bien que nous avons plus de cinq cens chevaux et deux mille cinq cens braves harquebusiers. Outre que toutes les bonnes villes tiennent nostre parti. Pour le regard de nostre particularité, dans peu de jours il y sera proveu à vostre souhait [1], Car je l'ay ainsi remonstré au Conseil que m'a esté unaniment acordé et sans une entreprinse que nous avons preste, cella seroit executé avant que fut demain nuit. Jaume Just est avec mon frère et se randra bon maistre au jeu. Je vous mande une sauvegarde pour tous ceux qui travalleront en vos terres, mais ne faut que personne en abuse soubz pretexte de vostre autorité et faveur. Me recomandant tres humblement à vostre bonne grace.

Escript à T[rans] le 2 de novambre 1578.

Vostre tres humble et tres obeissant,

J[oseph].

---

[1] Joseph de Pontevès répond à un message de son père l'invitant à faire appel aux troupes de Vins pour mettre à la raison ses « sujets rebelles ». Cette lettre lui avait été portée par son frère Pierre. Déposition d'Honoré Abram, bailli seigneurial des Pontevès. Enquête, Thomé, FF. 139. Jean Marcellin, de Figaniéres avait aussi porté une lettre à Joseph. Il entendit ce dernier dire à de Vins : « mon cousin, sault que saictes ce bien à monseigneur de Bargème et à moy que allions avec voz trouppes audict Callas pour razer de fondz en comble et ruyner nos subjetz qui nous ont faict plaider et mis en grand despense pour le passé, ayant résolu, monseigneur mon père et moy, de les mettre si bas et fere que dudict lieu n'en soit memoire, et mettre feu aux quatre coings de la ville, veu que maintenant se présente la comodité de aller mettre les piedz sur le ventre de nos subjectz ». Cf. sa déposition Enquête Durand, FF. 138, et Enquête Thomé, FF. 139. Dans cette derniére les termes varient un peu, mais le fond reste le même.

XII

Joseph de Pontevès à son père

A M[onseigneur], [1]

Monseigneur, on nous avoit faict antandre que à Saint-Rafeau [2] y avoit quelques pièces [3], de quoy nos ennemis se voloint prevaloir. Mais y avons esté et antré dans ledit lieu. Mais aiant veu que le maistre à qui elles estoint que les avoint emportées, que a esté cause que nous en sommes revenus. Il s'est faict quelque escaramouche à Frejus où Teneron, Boissoni, Casteau-redon [4] et quelques autres estoint. Si on eust donné dedans, comme j'avais porté opinion, on l'emportoit. Mais d'autant que il y avoit quelque autre dessein, cella a esté interrompu, de quoy on est marry. Je vous envoye ung chappon vif que le consul de Callas m'avoit mandé, et me recomande tres humblement à vostre bonne grace.

Escript au Puget [5] le 5ᵐᵉ de novambre 1578.

> Vostre tres humble et tres obeissant,
> J[OSEPH] DE P[ONTEVÈS].

XIII

Jean-Baptiste de Pontevès, seigneur de Bargème à Hubert Garde de Vins

A Monsieur
Monsieur de Vins,
chevalier de l'ordre du Roy [6].

Monsieur, je vous remande le present pourteur et vous supplie n'atandre plus à donner ourdre que je recouvre moun foin

---

[1] Original, Callas, Arch. comm. FF. 136, ; copie, FF. 138, f 14.

[2] Saint-Raphaël, arrond. de Draguignan, canton de Fréjus.

[3] Pièces de canon.

[4] N. de Châteauredon. Cf. Fréjus, Arch. comm. BB. 4, f 55. Séance du conseil communal du 26 octobre 1578.

[5] Puget-sur-Argens, arrond. de Draguignan, canton de Fréjus.

[6] Original. Callas, Arch. comm. FF. 136; copie FF. 138, f 30 v°.

et paille que vous jans m'ount prins, quar de an charger les
jans de me pouier après que vous en serès alé, vous antandés
que n'an auray jamais rien et ce me seroyt ung grand daul-
mage et facherie. Aussi vous plairra me faire par tout aul-
jourdhuy randre la farine que madame de Bargème[1] leur
presta hier à vostre requete. Aussi vous plairra ourdonner et
pouvoyr que l'aver[2] qu'est à moun clou[3] sou[r]te quar je an
tombe ourdinairemant à grandz frais et despans. Je vous dis
bien fort grandz et que je sois satisfaict des herbes et ouli-
viers qu'ilz m'ount mangé. Aussi vous plairra par heure prouvoyr que après que vous serès an alé que je ne demure des-
prouveu de jans à souffisance pour guarder moun chasteau,
quar je demererois an une grande et extrême confusioun, et
à y tenir la guarde qui sera necessaire à mes despans cela
seroyt impousible et auparavant vostre venue je pouvois
mieulx antretenir et conserver moun chasteau avec 6 hou-
mes que ne feroys maintenant avec 30, quar j'estois tenu pour
neultre et sy maintenant suis cleremant descouvert et cela
seroyt me ruiner du tout. Et vous plairra à ce que dessus y
prouvoyr promptemant et n'atandre pouint d'ung jourt à l'aultre. Et vous plairra y prouvoyr an sorte que je n'aie pouint
oucasioun de an demeurer mal contant et que toutz aultres
proufitent à vous antreprinses et que je y aie grand perte.

Je vous asseure que j'avons veu de mes fenetres ammener
plus de deulz santz bestes des brebis que sount à bas. Me
recoumandant bien humblemant à vostre bonne grace.

[Callas], ce 22me novambre 1578.

Vostre hunble et afesioumé hounclhe et à vous fère
service.

BARGÈME[4].

---

[1] Françoise d'Agoult, femme du signataire.
[2] Troupeau de moutons et de brebis.
[3] Enclos.
[4] Jean-Baptiste de Pontevès, seigneur de Bargème et de Callas. — Seules
la formule finale et la signature sont de sa main.

XIV

Rôle de Soldats[1]

*(De la main de Jean-Baptiste de Pontevès,
seigneur de Bargème).*

1578 et le premier de desembre monsieur de Vins m'a
delesé les souldards que s'ansuyvent en les bien païant pour
la garde de nostre castel de Callas.

Et premièrement Jaumet Mourlan, de Vins[2].

Et Antony Mourlan, de Vins, frère de Jaumet. Rafel Lou-
che, de Vins, que a esté tousgourt malade ung mois.

Matiou, dau Puget de Cuers[3].

Peyroun Roquomaure lou balafrat, dict estre de Fregus[4].

Pierre, de Sant-Paul de Venso[5], mason,

Myquel, de Tres[6].

XV

Jean-Baptiste de Pontevès à Hubert Garde de Vins

A Monsieur de Vins[7],

Monsieur mon nepveu, la grande assurance que j'ay en vous
et à vous trouppes m'a occationné vous escripre ce mot lequel
ne sera pour autre que pour [vous]. Mes rebelles subgès n'ont
voulu rien du tout fère de la garnisoun des souldars que avès
laissé à moun chateau de Callas et mais de l'acourt et tran-

---

[1] Original. Callas, Arch. comm. FF. 136; copie, FF. 138, f° 26 v°.

[2] Arrond. et canton de Brignoles.

[3] Puget-ville, arrond. de Toulon, canton de Cuers.

[4] Fréjus, arrond. de Draguignan, chef-lieu de canton.

[5] Saint-Paul du Var, Alpes-Maritimes, arrond. de Grasse, canton de Vence.

[6] Trets, Bouches-du-Rhône, arrond. d'Aix, chef-lieu de canton.

[7] Original. Callas, Arch. comm. FF. 136; copie, FF. 138, f° 25.

sasioun que de vostre grasse vous aviès fet fère entre moy et
la dicte commune de Callas[1].

Par quoy vous prie vous hy vouloir une autrefois achemy-
ner pour les reygler et metre sy bas que en sera memoire
perpetuelle et prinsipalement contre quelquns lesquels vous
nomyneray y estant arivé. Je fai fin.

Vostre bon amy,

BARGÈME[2].

XVI

Hubert Garde de Vins aux consuls de Callas et de Claviers

A Messieurs les consuls de Callas et Clavier à Callas[3],

Messieurs les consulz de Callas, l'on entend que vous ayez
satisfaict à l'ordonnance que vous fut faicte par nous pour
l'entretenemen du chateau dudit Callas. Toutesfois l'on m'a
volu dire que soubz esperance de ne nous y reveoyr jamais
vous y avez aucuneman failli, ce que je trouve bien estrange,

---

[1] Il s'agit de la transaction conclue le 28 novembre 1578 entre Jean-Baptiste de Pontevès et les habitants, pendant l'occupation de Callas par les
troupes de Vins. En voir le texte. Callas, Arch. comm. FF. 119. Elle donnait
gain de cause au seigneur sur tous les chefs des procès en cours. Aussi après
le départ des Carcistes, les habitants ne se pressèrent pas de la faire homologuer par le Parlement de Grenoble.

[2] Cette lettre, de la main de J.-B. de Pontevès, n'est pas datée, mais elle a
été probablement écrite après le départ des troupes de Vins, c'est-à-dire après
le 1er décembre et avant le 13, puisque la lettre suivante semble être une
réponse aux réclamations de Jean-Baptiste de Pontevès. Les héritiers de ce
dernier prétendirent qu'il l'avait écrite, contraint et forcé, quand il était prisonnier de Sossy. Cf. FF. 55, f° 37. D'autre part, des habitants de Mons, ayant
pris six mulets appartenant à Hubert de Vins, en mars 1579, les trouvèrent
chargés de nombreux papiers, parmi lesquels une lettre dans laquelle Jean-
Baptiste demandait le retour des Carcistes à Callas. Ils l'envoyèrent à Sossy.
Est-ce celle qui a été conservée? Cf. dépositions de Jacques Balon, 50 ans;
Pons Mary, 55 ans; Guillaume Majastre, 50 ans; tous laboureurs, de Comp.
Enquête Thomé, FF. 139. — Cf. aussi BB. 4.

[3] Original. Callas. Arch. comm. FF. 136; copie, FF. 138, f° 25. Claviers.
Arrond. de Draguignan, canton de Callas.

Par ainsi je vous prie de tout mon pouvoyr, ne faictes faulte d'y satisfaire et me donner advis si l'avez faict et l'on changera ceste commission sur d'aultres et serez solaigés d'aultant, et n'estant la présente pour aultre effect, prieray Dieu, messieurs, vous doint ce que mieulx desirez.

De Tourves [1], ce xiii decembre [1578].

Vostre bon amy,

H. Vins.

XVII

Joseph de Pontevès à son père

A Monseigneur [2],

Monseigneur, despuis ma dernière lettre la Reine mère a envoyé des lettres fort honnestes et doulces à monsieur le Conte [3] et à monsieur de Vins et voudroit que ledit sieur Conte s'accommodat à commander en ce païs par ensamble avec monsieur de Suze [4]. Elle promet d'estre bien tost par

[1] Arrond. et canton de Brignoles. Les consuls de Claviers n'ayant pas obéi à cette réquisition, s'attirèrent la lettre suivante : « Consuls de Claviers, vous avés estés ordoanés de contribuer à la garde du chateau de Callas et nous sommes advertis que ne l'avés pas effectué, que nous faict vous advertir que si vous n'avés par tout mecredi satisfaict à ladite contribution despuis l'heure et le jour que vous feustes mis en contribution, ou bien l'on vous traitera ainsi que vous meriterés. Escript à Empus, ce xii.° janvier 1579. Par commandement de ces messieurs. Signé : Serene. » Les consuls s'exécutèrent : « Certiffie je avoir receu quarante neuf escus de la commune de Clavier pour la contribution en quoy avoyent estés mis en contribution par Monsieur de Vins au chateau de Callas, despuis le jour que les trouppes en partirent jusques au xvii.° de janvier. Faict ce mesme jour 1579. Signé : Callas. » Déposition Honoré Roquemaure, laboureur, de Claviers, 70 ans. Enquête Durand, FF. 138.

[2] Original, Callas, Arch. comm. FF. 136 ; copie, FF. 138, f° 14 v°.

[3] Le comte de Carcès.

[4] Cf. Baguenault de Puchesse, *Lettres de Catherine de Médicis*, t. vi, p. 114-148.

deça, mais estant elle encores en Lisle en Jordan [1] et ayant à
passer par le Languedoc où se commance de grans troubles,
je crains que elle ne puisse pas si tost arriver en ceste province [2]. Ce pandant noz trouppes s'engrossissent fort, tant
des gens du Languedoc, qui viennent trouver les gentilsho-
mes qui tiennent nostre parti. De là Aix est à nous. Ici vient
cinq cens hommes que M. de Brussalles [3] mène du Daufiné
où y a deus cens chevaux avec cent corps de cuirasse. Le cappitaine Arène y est allé au devant. Ceux de Saint-Maixemin [4]
se sont venus ranger à nous, comme font d'heure à autre tout
plain de ceux mesmes qui ont des charges des Razas.

Ce pandant les depputés sont en Avignon pour trouver les
moyens de accommoder ses affaires, que ne se peut faire que
a nostre grand avantage. De tout ce que arrivera je donneray
ordre que en serés adverti. Que sera pour fin après vous avoir
presanté mes très humbles recomandations à vostre bonne
grace, priant Dieu luy plaise vous donner en santé très heureuse et très longue vie.

Escipt à Torrèves [Tourves], le 13 de decembre 1578.

Votre très humble et très obéissant,

J[OSEPH] D[E] P[ONTEVÈS].

Monsieur mon houncle [5], je n'ey rien digne de vous advertir davantaige. Tenés moi en vostre bonne grace et de
Madame que je salue humblemant et vos ofre à tous deus
service.

H. VINS.

---

[1] L'Isle-Jourdain (Gers). Catherine de Médicis y séjourna du 6 au 18 novembre 1578. *Ib. id.,* p. 503.

[2] Elle arriva à Beaucaire le 30 mai 1579 et à Marseille le 5 juin, où elle
séjourna jusqu'au 25. *Lettres de Catherine de Médicis,* t. VI. p. 506 ; t. VII,
p. 519.

[3] De Bruissaille. Cf. G. Lambert, *loc. cit.,* p. 193.

[4] Saint-Maximin. Arrond. de Brignoles, chef-lieu de canton.

[5] Post-scriptum de la main de de Vins.

XVIII
Joseph de Pontevès à son frère Pierre de Pontevès

A Monsieur mon frère de B[rovès][1],

Monsieur mon fraire[2], j'ay receu mescontantemant par une lettre de la part qu'entandes. Je suis esbay qu'on ne regarde que combien noz ennemis se fachent de nous veoir en paix et combien ilz se resjouissent de nos querelles. Mais le malheur de ceste maison est tel. Dieu en aura pitié quant luy plaira. Despandés l'argent que aurés eu de l'aver[3] pour garde du chateau, esperant dans peu de jours qu'il y aura ordre et qu'il y en aura bien de trompés. Si ses villains estoint bien informés du bon terme en quoy sont noz affaires, ilz parle-roint bien plus bas, mais quoy ! Dieu les veut perdre. Vous aurès sceu la grand deffaite que a receu M. d'Oraison à Pertuis. De quoy y a troys cens harquebusiers retirés à nos trouppes et ce qui s'estoit sauvé s'y en viennent à la file, n'at-tandant que quelque bonne occasion de se getter. Je vous prie vous garder de surprinse, me recomandant humblemant à vostre bonne grace.

Escript à Torrèves [Tourves], le 27 de decembre [1578], par vostre plus humble frère[4].

[JOSEPH DE PONTEVÈS].

[1] Original. Callas. Arch. comm. FF. 136 ; copie, FF. 138, f° 22.
[2] Pierre de Pontevès
[3] Détail.
[4] Pendant leur séjour à Tourves, les Carcistes brûlèrent des maisons, rava-gèrent des jardins, des vignes, des safraniers, coupèrent des amandiers, des noyers, des pruniers. Cf. Arch. comm. de Tourves, BB. 19, f° 203.

XIX

Joseph de Pontevès à son père

A Monseigneur [1],

Monseigneur, j'ay antandu la vellaquerie [2] de vos subgetz mescognoissans des biens qu'ilz ont receus et aveugles de ne veoir en quel tamps ilz entreprannent de faire des fous anragés. Monsieur de Suze voudroit bien avoir ce bien que d'avoir ung acort qu'il recherche tant et voudroit que le Roy l'eut commandé de sortir de ce païs. Comme on ne veut faire point de response et moins de suspantion d'armes que il ne soit dehors du païs et s'en fallut peu que à Aix ne le sortissent de la ville, pour occasion que M. d'Oraison s'estant sauvé de ceste route qu'il eut à Pertuis où ne se manqua d'une heure que luy ne restat avec tout le reste, qu'est de perte audit sieur de Suze de plus de sept ou huict cens hommes comprins troys cens harquebusiers que l'on print à vie et bagues sauves à pache qu'ilz nous feront service, comme ilz font de bonne volanté. Or se sauvant ledit sieur d'Oraison et volant antrer à Aix ledit sieur de Suze manda le seigneur Alfonse [3] à la porte pour le faire antrer, ce que ceux de la ville ne volsirent, criant à aute voix qu'ilz avoint là trop de fruste paine et criant quant ilz voyent ung asne. « Arry! que tant Suze! » Tout plain de ceux qui ont de ses commissions lèvent les trouppes et les nous mènent. J'ay veu monsieur le conte et sur le chemin, de nuit, je trouvès 25 harquebusiers lesquelz ayant recogneu je chargès et en y eut partie de mors sans au-

---

[1] Original. Callas, Arch. comm., FF. 136 : copie, FF. 138, f° 21. Cette lettre n'est point datée, mais d'après le texte, il est évident qu'elle a été écrite entre le 27 décembre 1578 et le 2 janvier 1579, très probablement même postérieurement au dimanche 28 décembre.

[2] Je n'ai pu trouver le sens de ce mot.

[3] Alphonse d'Ornano, seigneur de Vigue, baron de Lunel, colonel général des Corses, maréchal de France, avait épousé, suivant contrat du 2 juin 1576, Marguerite-Louise de Grasse de Pontevès-Flassans, dame de Mazargues. Cf. *Généalogie des Sabran-Pontevès*, p. 37. Décédé en 1610.

cun damnage aux miens et si ung qui estoit par terre à demi mort n'eust dit qu'ilz estoint à M. de Beaudimant [1], ilz estoint tous despechés et toutesfois ilz estoint de l'eannemi. Je ne les eusse pas laissés aller pour ceste parolle mais la haste que nous avions à fère chemin nous fit plus facillemant croire ce qu'ilz disoint. Sans la haste que M. de Vins eust à se desambusquer à Brignolle dimanche fit huict jours [2] Jacques Sossi [3] mouroit avec trois ou quatre cens plus qu'il n'en mourut. Par ce que dessus antandrès la response que aurait eue M Carriollis. De même en aura M. de Vance [4] avec quelques autres qui sont à Saint-Maiximin attendant que leur donnons permission de venir à nous. Pour la transantion ma fame vous en dira mon opinion que je ne vous escripray pour la mesme raison que m'escripvès et fornira pour sa part en la garde. Je feray plus que je ne pourray esperant que en peu de jours tout aura son ordre, si Dieu plaict. Me recomandant très humblemant à vostre bonne grace.

Vostre très humble et très obéissant,

J[OSEPH].

Dieu nous a faict une grande faveur de vous faire descouvrir l'antreprinsse de vostre autre chateau à quoy sera proveu comme porte vostre advis.

---

[1] Sans doute Annibal de Glandevès, sieur de Baudument, fils de Pierre-Isnard, seigneur de Glandevès, et frère de Joseph précité. Il fut tué en mars 1579 près de Grimaud.

[2] C'est-à-dire le 21 décembre.

[3] Capitaine razat. Le même qui s'empara, le 10 avril 1579, du château de Callas. Il fut pendu en 1592, par ordre du comte de Carcès, sénéchal de Provence.

[4] Claude de Villeneuve, baron de Vence, seigneur de Gréolières, Coursegoules, etc,, fils d'Antoine de Villeneuve et de Françoise de Grasse. Il périt en se noyant en mai 1592. Cf. De Juigné de Lassigny, *Généalogie des Villeneuve*, p. 270.

XX

Joseph de Pontevès à Claude de Villeneuve

A Monsieur le baron de Trans [1],

Monsieur mon frère [2], nos affaires ne scauroint aller mieux qu'ilz font, ny ceux de monsieur de Suse plus mal. M. d'Oraison s'est tout débandé et quasi toutes ses gens sont venus en noz troupes à belle anseigne déployée. Monsieur de Saintal [3] nous a mandé une compagnie. Il est chose incroyable comme noz forces augmantent. Messieurs de Mairargues et Joannis sont venus à Torrèves [Tourves] de la part dudit sieur de Suse pour veoir si les affaires se porroint accomoder, mais il n'y a ordre s'il ne s'en va de ce païs et on ne nous bailhe des villes pour noz asseurances et cent mille escus pour payer nostre armée. Ledit sieur de Chateauneuf [4] s'en va en cour pour suplier le Roy de la part du païs de voloir révoquer ledit sieur de Suse, ce qu'il desire bien fort. Je me suis parqué ici avec neuf ou dix compagnies attandant de bref de metre des pièces en campagne pour anfondrer ses barriquades. Je vous suplie vouloir fère tenir ce billet à monseigneur de Bargème [5] auquel j'eusse escript particulierement si j'eusse panssé qu'il y peut aller seuremant.

Escript à Cabasse [6], le 2 de janvier 1579.

[JOSEPH DE PONTEVÈS].

[1] Original. Callas. Arch. comm., FF. 136; copie FF. 138, f° 24.

[2] Claude de Villeneuve, fils d'autre Claude et d'Isabeau de Feltre, baptisé à Trans, le 9 janvier 1547, massacré lors de la prise de son château par les Razats le 23 mai 1579. Cf. De Juigné de Lassigny, *Généalogie des Villeneuve*, p. 66. C'était le frère de Louise de Villeneuve, femme de Joseph de Pontevès et d'Ours de Villeneuve, mari d'Isabeau de Pontevès, sœur dudit Joseph.

[3] Jean-Louis-Nicolas de Bouliers, chevalier du Roi, seigneur de Céntal, la Tour-d'Aigues, Rians, Artigues, Amirat, Saint-Paul le Fogassier, Beaumont, vicomte de Demont, décédé en 1584. Cf. Rians, Arch. comm., CC. 151 et séances du Conseil communal des 2 février 1560 et 7 octobre 1584. BB. 1, f° 16 et 3, f° 235 v°.

[4] Joannis, seigneur de Châteauneuf.

[5] Jean-Baptiste de Pontevès, père du signataire.

[6] Arrond. de Brignoles, canton de Besse.

XXI

Joseph de Pontevès à son père

A Monsieur de Bargème [1],

Monseigneur, vous aurez sceu par les lettres que je vous ay mandées comme tous les affaires passent par deça mesme du desbandemant des compagnies de M. d'Oraison qui fut deffaict à Pertuis et ce que se sauva s'est despuis volontairement venu remetre avec nous. Les Corsous laissent tous le seigneur Alfonse pour nous venir trouver et monsieur de Suze est à non plus. Ilz nous arrive des siens mesmes tant de gens d'heure à autre que c'est une chose incroya··e. Despuis vandrédy [2] avant jour l'on a assiegé tous ceux qu'estoint à Correns [3] que sont en nombre de 14 enseignes où Sossi [4] et autres de Callas sont, mais en telle sorte qu'ilz sont indubitablemant perdus. Hier ancores pouvoint recouvrer des rabes et des chouz, mais despuis ceste nuit passée, il y sont en sorte que à mon advis ilz panssent bien à leur conscience. Je m'estois acheminé pour une bonne entreprinse avec sept ou huict cens harquebusiers, mais pour ne fallir à un tel chef d'œuvre, je m'y achemine esperant d'executer après tant plus facillemant le reste. Jamais gens ne se sont plus esperdus que ont faict voz seditieux mutins de ne vouloir vivre en paix et amitié suivant l'acord que en aviès faict. Ilz s'en recognoistront bien tost, Dieu aidant, lequel je suplie de vous donner en santé tres heureuse et tres

---

[1] Original, Callas, Arch. comm., FF. 136 ; copie, FF. 138, f° 15.

[2] C'est-à-dire depuis le vendredi 2 janvier 1579.

[3] Arrond. de Brignoles, canton de Cotignac. Jacques de Villeneuve, seigneur de la Berlière, y tenait garnison. Cette petite ville fut saccagée. En juin 1579, les habitants députèrent auprès de Catherine de Médicis pour lui représenter la triste situation de la commune « prinse d'assault par les gens et trouppes du seigneur de Vins ». En novembre, autre députation dans le même but auprès de Grand Prieur, alors à Draguignan. Correns. Arch. comm., séances du Conseil des 28 juin et 15 novembre. BB. 2, f° 51, 79 v°

[4] Le capitaine Jacques Sossy précité.

longue vie avec sa sainte grace, me recomandant très humblemant à la vostre.

Escript à Montfort [1], le 5ᵐᵉ de janvier 1579.

Vostre tres humble et tres obeissant,

J[oseph] de P[ontevès].

Despuis ce que dessus escript ceux de Correns aiant fuy, je leur ay taillé terre vers Vins [2] et Monsieur de Buysson [3] qui les suivoit avec Messieurs de la Verdiére [4], où en est demeuré plus de troys cens soixante sur la plasse, sans aucun mal aux nostres. Il en est demeuré gran de Callas ; Sossi croys que a fuy des premiers qui a aussi mal faict que le reste de leurs chefs qui ont abandonné leurs soldatz et perdu leurs bagage.

XXII

Joseph de Pontevès à son père

A Monseigneur,
Monseigneur de Bargème [5]

Monseigneur, en mesme heure que nous defismes ceux de Correns desquelz le nombre des mors passe quatre cens de compte faict, Monsieur de la Verdière [6] print le Puy-Sainte-Reparade [7] près d'Aix, ville tres forte comme m'asseure sca-

[1] Arrond. de Brignoles, canton de Cotignac.

[2] Arrond. et canton de Brignoles.

[3] Capitaine de l'armée de Vins. Dépositions de Gerfroy Boniparis, notaire, 27 ans ; de Nicolas Cat, chirurgien, 70 ans ; enquête Durand, FF. 138.

[4] C'est-à-dire probablement les cadets de la Verdière, Louis Honoré de Castellane, seigneur de Bezaudun et de Jouques, baptisé le 8 mai 1559, et Balthazar de Castellane, seigneur d'Ampus, tué devant Tarascon le 10 janvier 1592, tous deux fils de Philibert de Castellane, seigneur de Bezaudun et de la Verdière et de Louise d'Ancezune. *Généalogie des Castellane*, p. 77.

[5] Original. Callas. Arch. comm. FF. 136 ; copie FF. 138, f° 16 v°.

[6] Jean de Castellane, seigneur de la Verdière, frère des précités, né le 10 septembre 1544, décédé le 15 septembre 1589.

[7] Bouches-du-Rhône, arrond. d'Aix, canton de Lambesc. Autrement dit le Puech. Cette localité fut prise le 7 janvier 1579. Cf. Gustave Lambert, *op. cit.*, p. 195.

vez,[1] et où on a trouvé plus de douze mille charges de blé, mais son antrée a estée si modeste que il ne samble point qu'il y aye aucun changemnat. Hier ung des cappitaines que Monsieur de Suze avoit mené du Lyonnois nous vint trouver à Aups[1] avec deux cens harquebusiers. Avant hier au lieu mesmes nous vindrent trouver une brave trouppe de gentilshommes du Daufiné où est Monsieur de Montron, nefveu de M. des Deguières[2], avec bien cent ou six vins bons chevaux et de quatre à cinq cens harquebusiers et disent Bruxalles[3] vient avec une autre brave trouppe quasi aussi grande et Monsieur de Gouvernet[4] une pareille. Qu'est pour vous asseurer que ainsi que celles de Monsieur de Suse s'amoindrissent, les nostres se augmantent infiniemant. Les trouppes s'acheminent par dessa. Je suis arrivé en ce lieu d'Empus avec bonne trouppe d'arquebusiers, attandant l'arrivée du reste. Je recepvray voz commandemantz pour les effectuer comme je me recomande tres humblemant à vostre bonne grace, priant Dieu luy plaise, Monseigneur, vous doint tres heureuse et tres longue vie.

Escript à Empus[5] le xime de janvier 1579.

Vostre tres humble et tres obeissant filz,

J[oseph] DE PONTEVÈS.

[1] Arrond. de Draguignan, chef-lieu de canton.

[2] François de Bonne, duc de Lesdiguières, né le 1er avril 1543, à Saint-Bonnet de Champsaur (Hautes-Alpes) ; décédé à Valence le 28 septembre 1626.

[3] De Bruissaille.

[4] René de la Tour du Pin, seigneur de Gouvernet, lieutenant de Lesdiguières.

[5] Ampus, arrond. et canton de Draguignan. — Joseph de Pontevès logea chez Roland Martin. Il fit tuer deux habitants qui n'obéissaient pas à ses volontés. Comme un troisième refusait de lui donner 400 écus, il dit : « Et bien, je vois bien que voz aultres d'Ampus vollés faire comme noz messieurs de Callas qui pour n'avoir volu accorder à mon père ce que leur demandoit ilz sont estés mangés et destruicts par la gendarmerie et enfin ont esté contrainctz de venir à accord, transiger et promectre à mondict père tout ce qu'il leur demandoit et ainsi en sera il de vous. » En entendant ces menaces l'habitant se hâta de signer une obligation de 300 écus. Déposition de Jean Laurens, marchand, d'Ampus, 45 ans. Enquête Thomé, FF. 139.

XXIII
Joseph de Pontevès à son père

A Monseigneur,
Monseigneur de Bargème [1],

Monseigneur, je vous ay adverti ce matin de tout ce que se passe, si ce n'est que je eusse oblié à vous escripre comme en Bourgoigne y a soixante ou 80 compagnies levées sans adveu ; de quoy on jette le soubçon sur les principaux gouverneurs, joint que Monsieur le duc du Maine [2] passa à troys lieus de la Cour sans aller veoir le Roy. En Normandie s'est tenu une assamblée où y avoit de sept à huict cens gentilshommes qui ont resolu de fere maintenir les privileges de leur païs suivant les Estatz generaux. Le presant porteur vous fera antandre le reste que me fera finir par mes tres humbles recomandations à vostre bonne grace.

Escript à...

Despuis ce que dessus, j'ay receu celle que vous a pleu me mander, suivant laquelle je me arresteray jusques à jeudy prochain par tout le jour à pache qu'ilz forniront deux cens charges de bois pour la garde du passé et payeront l'uille et chandelles et toute aultre despance que a estée faite au chateau par qui que se soit despuis que nous en sommes partis ; ratifieront l'acord que avès faict avec eux de point en point sans en diminuer une seule sillabe [3], sauf si avès enduré quelque despance à faute de l'execution dudit acord, qu'ilz vous satisferont à vostre ditte et tout incontinant bailleront argent à mon frère de Brovès ou autre que vous plairra avec ceux

---

[1] Original. Callas. Arch. comm. FF. 136 ; copie FF. 138, f° 16.

[2] François, duc d'Anjou, frère d'Henri III.

[3] Etant à Ampus, Joseph reçut une lettre de son père l'informant que les habitants de Callas ne voulaient pas ratifier la transaction du 28 novembre 1578. Sa colère fut grande. « Par le corps Dieu, dit-il aux capitaines qui l'entouraient, j'y retourneray et mettrons le feu aux quatre coings de la ville. » Dépositions d'Honoré Fauchier, laboureur, 40 ans ; Antoine Meissonier, laboureur, 40 ans ; Jean Pascal, laboureur, 48 ans ; tous d'Ampus. Enquête Thomé, FF. 139.

qu'ilz voudront deputter pour aller fere emologuer ladite transaction aux lieux accordés ; randront ou feront randre ce que a esté derobé à ceux qui m'ont suivi et signamment au cappitaine Gardès ; payeront la despance du barbier pour la despance de sa fame ; rompront les barriquades qu'ilz ont faites despuis nostre delogemant mesmes du costé du chateau. Du tout, s'il vous plaict, me serés advertir pour y provoir comme adviserés. Je ne vous puis advertir d'autre chose fors que hier ceux de Lorgues [1] sont venus présanter les chefs [2] et promis de fere ce que leur sera ordonné comme a faict Saint-Maixemin. Que me fera finir la presante par mes tres humbles recomandations à vostre bonne grace, priant Dieu luy plaise, Monseigneur, vous donner tres heureuse et tres longue vie en santé.

A Empus, le 12 de janvier 1579.

Vostre tres humble et tres obeissant filz,

J[OSEPH] DE PONTEVÈS.

XXIV

Joseph de Pontevès aux consuls de Callas

A Messieurs les Consuls de Callas [3],

Messieurs les consulz, M⁰ Blondy m'a faict entendre la resolution que avés prinse de vivre en paix, que je attreuve tres bonne prou que elle ne soit faincte, ne disimulée. Je luy ay donné charge de vous en dire mon oupinion, qu'est que vous ne sauriés avoir chose au monde plus proufitable que la paix. Il vous dira le reste et m'en ferés reponse au jour que li ay dict. Quoy atandant je me recommanderay à vous autres.

Escripte à Empus ce 12 janvier 1579.

Vostre bon amy,

CALLAS [4].

---

[1] Arrond. de Draguignan, chef-lieu de canton. La collection des délibéra-t⁰ns communales de cette localité ne commence qu'en 1584.

[2] Dans la copie il y a clefz.

[3] Original. Callas. Arch. comm. FF. 136; copie, FF. 138, f° 23.

[4] C'est-à-dire Joseph de Pontevès.

XXV

Joseph de Pontevès à son père

A Monseigneur,
   Monseigneur de Bargème[1],

Monseigneur, je mande veoir si voz gens mettei   en execution ce qu'ilz m'ont promis ou s'ils veullent exchapper avec
des parolles. Le terme expiré, chascung se provoira comme
la raison porte. Je ne vous puis rien dire de noveau si ce n'est
que n'eussiès ancores antandu que Messieurs de Saint-Andiol[2]
et de Coou[3] sont arrivés à Aups[4] avec cent cinquante chevaux où y avoit septante maistres portant le corps de cuirasse
sur le propoint de satin. Me recomandant tres humblemant
à vostre bonne grasse, priant Dieu, Monseigneur, vous doint
en santé tres heureuse et tres longue vie.

   A Empus, le 14 de janvier 1579.

   Vostre tres humble et tres obeissant fils,

   J[OSEPH] DE PONTEVÈS.

---

[1] Original. Callas. Arch. comm. FF. 136; copie FF. 138, f° 17.

[2] N. de Varadier, seigneur de Saint-Andéol.

[3] Ou Goou. Dans la copie de Gaoult. Sans doute Henri de Villeneuve, dit
le cruel, seigneur du Gaut, fils de Gaspard et de Claude de Carbonnel, gouverneur de Grasse, après 1591 : assassiné le 8 octobre 1593 ou le 21 août 1594.
Cf. de Juigné de Lassigny, *Généalogie des Villeneuve*, p. 223. Son surnom
paraît mérité. Etant à Callas il dit à Joseph de Pontevès en voyant quelques
habitants de Mons : « Voici de mes coquins de Monts ; je les veux tous tuer
et m'ensanglanter du sang des petis enfants ». A quoi Joseph répondit : « Vous
ferès bien. J'en veux autant fere aux coquins de ce lieu qui (s)ont comme les
vostres qui veulent plaider avec leur seigneur ». Déposition d'Auberton Car-
lavan, de Mons, ménager, 60 ans. Enquête Durand, FF. 138.

[4] Il y a pas transcription de délibération entre le 1er janvier et le 6 février 1579 dans le registre des séances du conseil communal.

XXVI

Joseph de Pontevès aux consuls de Callas

*Aux consulz de Callas,
               à Callas [1],*

Messieurs les consulz, Monsieur de Vins m'a prié de vous
advertir de me mander ici l'argent que debvès à Monsieur de
la Colombe [2] pour le luy fere tenir. A quoy ne fallirès comme
je croy aussi que vous provoirès à ce que vous ay mandé par
Me Blondi pour la garde du chateau et pour ce que conserne
vostre bien, repos et solagement, lequel je prochasseray
comme le mien propre, si vous aultres ne vous en esloignès
pour suivre ung malleur et ruine. Le presant porteur vous
dira le reste de ma part, lequel croirès de ma part et je me
recomanderay à tous voz autres.

Escript à Empus le 15me de janvier 1579.

> Vostre bon amy,
> CALLAS.

XXVII

Joseph de Ponteëvs à son père

*A Monseigneur,
               Monseigneur de Bargème [3],*

Monseigneur, pour vous resouldre de quelques doubtes que
vous avès trové en mes lettres precedantes vous scaurès le non

---

[1] Original. Callas, Arch. comm. FF. 136; copie, FF. 138, f° 23.
[2] Capitaine de l'armée de Vins. Gaspard de Castellane, seigneur de la
Colombe, fils d'Hélion, seigneur de Claret et de Francoise de Demandols,
marié le 25 décembre 1577 à Claude de Raimond, fille de Jean de Raimond,
seigneur d'Eoulx et de Catherine d'Alagonia. *Généalogie des Castellane,*
p. 22.
[3] Original. Callas. Arch. comm. FF. 136; copie FF. 138, f° 17 v°.

de celuy que s'est venu tant humilier par ma fame, lequel, s'il vous plaict, vous ne nomerez jusques que voyès l'effect de quelque bonne œvre qu'il nous a promis de fère. C'est bien le meilheur soldat à l'opinion de tous qu'ilz aient. Pour le regard de ce que n'avès peu comprandre en ce que je dis du doubte que j'ay de ne pouvoir tant attandre, c'est que nous avons d'entreprinse que si voz gens n'ont de bons amis il leur faudroit o crever ou provoir à la despance des trouppes qui sont deputées pour executer ce que je pourray fère exampter estantz telz qu'ils doivent et vous asseure que ce prolonge-mant nous nuit. Toutesfois je le seray puisqu'il vous plaict. Mon frère de Seail [1] n'est allé là haut que pour y provoir et s'en revenir. Monsieur d'Espinouse [2] a prins nostre parti de no-veau. Lorgues est assiegé despuis ceste nuit passée et espère que verrès de grandz effetz en peu de jours. De ce que se passera, je vous tiendray adverti, faisant fin par mes tres humbles recomandations à vostre bonne grace, priant Dieu vous doint, monseigneur, en santé tres heureuse et tres longue vie

Escript à Empus, le 16 de janvier [1579].

Vostre tres humble et tres obeissant,

J[OSEPH] DE PONTEVÈS.

XXVIII

Joseph de Pontevès à son frère Pierre de Pontevès

A Monsieur mon frère,

Monsieur de Brovès [3],

Monsieur mon frère [4], il me fache bien de tant prolonger pour les raisons que je mande à monseigneur, toutes fois je at-

[1] Jean-Baptiste de Pontevès.

[2] Scipion de Villeneuve, seigneur d'Espinouse et de Saint-Jeannet, cosei-gneur de Seillons, tué le 26 décembre 1587 dans une tentative de surprise contre Puymoisson, fils de Pierre de Villeneuve et de Delphine d'Agoult. Il redevint bientôt l'un des chefs du parti protestant. *Généalogie des Ville-neuve*, p. 96.

[3] Original. Callas. Arch. comm. FF. 136; copie FF, 138, f° 21.

[4] Pierre de Pontevès.

tandray jusques à dimanche sans plus. Je feray avoir aux consuls de Callas l'examption et passeports qu'ils demandent. Est vray que monsieur de Vins est à la borgade de Lorgues lequel est assiegé estroitemant despuis ceste nuit passée et vous prie leur dire qu'ilz ne fallent de m'aporter ici l'argent qu'ilz doivent audit sieur de Vins. Je croy qu'ilz font porter le bois et autres choses que leur a esté ordonné. Monsieur d'Espinouse s'est remis de noz trouppes et il y en aura bien d'autres avant que soit troys jours et quant on les voudra retenir ès lieux que sont se sera à nostre avantage. Je me recomande humblemant à vostre bonne grace.

Escript le 16 de janvier [1579].

Votre humble frère à vous obeir.

CALLAS.

XXIX
Jean-Baptiste de Pontevès à son fils Joseph

A mon fils de Callas

à Impus [1],

Callas, je esté contrainct vous mander ce porteur exprès pour ce que je suis fort fasché de ce que jé entendu que le cappitaine Perache est venu courre à Figanières [2] et ont rancontré quatre ou cinq de Callas desquelz partie se sont sauvèz et ont retenu Jan Antoine Boyer dict Cannet, le filz de Riquier le bocher, André Mège et Veyan filz de Pierre Ris et les ont amenez à Impus, de quoy j'en suis fort marry et ne sont pas ret[ournés]. Marquez ce que je dis. Je ne suis esté jamais trouvé trahistre, ny veulx tant que je vivray estre tenu en telle reputation. Jé promis aux gens de Callas et les leur observeray que s'ilz font ce qu'ilz doybvent fere envers nous que je les assurés sur mon honneur et conscience que je leur seroys non seulement bon et entier seigneur mais pere, et les ay assourez que vous et tous voz frères leur ferez de mesmes comme je leur

---

[1] Copie. Callas. Arch. comm. FF. 138, f° 25 v°.
[2] Arrond. de Draguignan, canton de Callas.

veulx estre et que leur joye sera la nostre et leur douleur sera
nos douleurs[1]. Par quoy donnez ordre que tout incontinent et
sans delay faisiez que les susnomez soyent relaxés et qu'ilz
s'en viennent en diligence pour assister a la ratification, car
Jan Antoine Cannet, comme suis adverty, a tousiours prins
jusques contre ses propres parans la picque pour nous de
manière que je seroys autant marry que luy adviene mal
comme à aulcun de nous et demain qui est dimanche[2] ladite
ratification se doybt faire de manière que je seroys marry s'ilz
ne s'i trouvoyent et dors en là donnez bien charge à tous
ceulx de vostre regiment et je m'assoure que de tous ceulx
quy sont à l'obeyssance de monsieur de Vins et autres quy sont
soubz luy que entre tous vous preniez garde que aucun de Callas n'ayt aucune fascherie et destourbier ny en personne, ni
en biens ou aurions occasion de les trouver mansongers, ce que
ne puys croyre. Et si bien les presents porteurs arivoyent bien
à minute, si ne me voulez fere desplaisir, faictes que incontinant soyent relaxés et qu'ilz congnoissent de quel pied leur
allons et Dieu vous tienne en sa garde.

A Callas, ce 17 janvier [1579].

Faictes qu'il n'y ait faulte que faciez grande diligence à faire
executer ce que dessus et les ai assourez que ne scavez rien de
ce que dessus.

Vostre pere,

Bargème.

---

[1] Jean-Baptiste de Pontevès avait en effet promis aux habitants d'être « bon
seigneur » s'ils ratifiaient la transaction du 28 novembre 1378. Cf. le texte de
cette déclaration, Callas, Arch. comm FF. 119.

[2] La susdite transaction fut en effet ratifiée le dimanche 18 janvier par le
conseil. Les délibérations de cette époque troublée n'ayant pas été conservées
intégralement, le texte de la ratification manque. — Les menaces de Joseph
de Pontevès ne furent pas étrangères à la détermination des habitants.
« You ay tant fach, dit-il à Augustin Sigalony, marchand, de Montauroux,
qui était allé le voir à Callas, que nous bellitres an ratifficat la transaction ;
et mais s'ils eos ne lagueson faictz iou fusse fa callar lou fuoc aux quatres
quantons de la ville ». Déposition de Sigalony. Enquête Thomé. FF. 139.

XXX
Joseph de Pontevès à son père

A Monseigneur,

Monseigneur de Bargème[1],

Monseigneur, j'ay veu par vostre lettre que vous estes faché contre ma fame, de quoy je suis marri, si elle vous en donne occasion, ce que je ne puis comprandre, car elle n'a jamais eu envie que vous fere service, et si elle n'ause aller au devant de vous c'est pour ne vous fere metre en collere mesme de ce que luy demandés une infinité de choses que faut que je les vous bailhe et non elle qui n'en a pas le moyen mesmes des cinq cens florins lesquelz il vous pleut m'acorder que je payerois tant que le procès de Callas dureroit et despuis vostre acord fut dit que s'il ne tenoit que je les payerois m'offrant à davantage comme je fois. Mais s'il tient et que vous aiés eu beaucop plus de rante par mon moyen que n'en esperiës, je vous suplie tres humblemant ne me vouloir estrangler, car je m'efforce sans espagner ma vie et pour l'avancement du general de vostre maison et pour le particulier de mes freres. Vous le voyés bien, monseigneur, et que je ne pourray fere si j'en suis si mal recogneu. Pour le regard de la garde du chateau de ce que sera esté forni, il ne s'en perdra pas ung denier, je le payeray plustost du mien, mais je vous suplie tres humblemant en vouloir avoir quelque peu de patiance que je sois là que seroit sans les affaires que se sont presantés et se présantent. Les forces se doivent asambler devant Draguignan. Monsieur de Beaudimant a prins Tres. Passant la Durance des gens de monsieur de Suse s'en nya cinq gentishomes[2]. Que sera pour fin après vous avoir presanté mes tres humbles reco-

---

[1] Original. Callas. Arch. comm. FF. 136; copie 138, f° 18.

[2] Lorsque le comte de Suze s'enfuit d'Aix pour retourner à Avignon. Cf. G. Lambert, *loc. cit.* p. 196. Il s'enfuit si précipitamment qu'il gagna « la rivière de Durance sans un de ses éperons qu'il avait laissé à Aix de la grande hâte qu'il eut de départir ». *Mémoires de N. du Bourg, écuyer, d'Aix.* Bibliothèque Méjanes. 783 (541. R. 833), p. 131.

mandations à vostre bonne grace, priant Dieu luy plaise, monseigneur, vous donner en santé tres heureuse et tres longue vie.

A Empus, le 22 de janvier [1579] à troys heures après minuit.

> Vostre tres humble et tres obeissant filz,
>> J[OSEPH] DE PONTEVÈS.

XXXI

Joseph de Pontevès à son frère Pierre de Pontevès

A Monsieur de Brovès mon frère,[1]

Monsieur mon frère[2], j'ai veu la vostre. Il ne se peut nier qu'il ne soit cler quand le soleil est levé. Aussi voit-on à l'œil que j'ay servi de quelque chose. Si l'acord ne tient je feray encores plus qu: on ne veut. Vous scavès comme les affaires ont passé de sorte que je serois triplemant chargé. Je feray contanter madame à peine de la vie. Cepandant je voudrois bien scavoir que c'est. Me recomandant humblemant à vostre bonne grace.

Escript à la Grannegonne[3] le 25ᵐᵉ de janvier [1579].

> Vostre humble frere à vous obeir,
>> CALLAS.

XXXII

Joseph de Pontevès à Antoine de Castellane

A Monsieur mon cousin,
Monsieur de Sallernes,[4]

Monsieur mon cousin[5], l'homme que je vous avois mandé a esté prins par ceux de Draguignan qui nous sont venus veoir

---

[1] Original. Callas, Arch. comm., FF. 136 ; copie, FF, 138, f° 22 v°.
[2] Pierre de Pontevès.
[3] Quartier du territoire de Draguignan.
[4] Original. Callas, Arch. comm., FF. 136 : copie, FF. 138, f° 24.
[5] Antoine de Castellane, seigneur de Salernes. Villecroze, la Martre, fils

avec environ mille hommes assamblés de tous ces environs
qui nous ont escaramouché de bien près tout ce jourd'huy.
Il y en a troys ou quatre de mors des nostres et quelques bestes et l'ennemi il y en a grand nombre. Ilz sont là à Draguignan et demain les attandons et toutes les heures. Ilz nous
coupent les vivres et ce jourd'huy avons gaté plus de deux
quintaux de poudre.

Voyez, je vous suplie, de mander en poste à monsieur de
Vins, et vous cepandant, s'il vous plaict, me manderès du
pain, car je n'en ay point et si avès de poudre vous manderay
l'argent.

Advertissès moy de ce que m'escriprès. Me recomandant
humblemant à vostre bonne grace.

Le 3ᵐᵉ de febvrier [1579].

Vostre humble cousin à vous servir,

CALLAS.

Despechès, je vous suplie, d'advertir M. de Vins pour la
conséquance.

XXXIII

Joseph de Pontevès à son père

A Monseigneur[1],

Monseigneur, je crois que aurés antandu par Jehan Peire
quelle trouppe m'estoit venue trouver panssantz trouver en
campagne ceux que me devoint assieger, comme les adver-
tissemantz m'en estoint venus de pron de pars. Ce que, n'ayans
trouvé nous allames embosquer où fallimes de deux cens pas
seulemant à fere acognoistre à ces assiegeurs de quel pied
nous nous chaussons. Il en morut seulemant cinq ou six à ce

d'Alexis et de Catherine de Pontevès ; cette dernière fille de Reforciat, seigneur de Pontevès et de Marguerite de Forbin ; marié à Marguerite de Garde,
fille de Gaspard, seigneur de Vins, et d'Honorade de Pontevès ; testa le
17 février 1624. Cf. Arch. dép., Var, *Généalogie des Castellane*, p. 109, et
des *Sabran-Pontevès*, p. 60.

[1] Original. Callas, Arch. cemm., FF. 136 ; copie, FF. 138, f° 18 v°.

que nous vismes ne sçachans des blessés qu'est impossible
qu'il n'y en eut. Des nostres le chevalier de Casteauredon
perdit un cheval qu'est tout le mal que nous eusmes, Dieu
merci ! Et sans le mol où noz chevaux s'enfoncèrent fort près
d'eux, il y avoit belle bocherie.

Monsieur de Vins n'y estoit point, c'estoit Monsieur d'Oize
avec Monsieur de Goou [1] avec tout le reste de bien montés
sans bagage ormis d'avoine qu'ilz portoint chascun. Noz
affaires ne scauroint estre en meilheur estat. Je vous advertiray de tout ce que se passera, mesmes de ce que aura esté
resolu à l'assamblée de Sellon [2] et feray tenir vostre lettre à
Monsieur de Vins [3]. Je ay mandé une partie des cinq cens
florins à ma fame pour vous balher et si vostre acord ne tient
je ne continueray pas seulemant à vous balher pareille somme
annuellement, mais y despandray la vie, mesmes que je suis
adverti que ilz n'allongent que pour vous torner tromper, mais
s'ilz ne donnent ordre que la chose s'acomplisse comme doit,
ilz se trouveront les trompés.

Nous trouvons trestous fort estrange que les consulz endu-
rent que ceux qui tiennent nostre parti soint saccagés en leurs
maisons, de quoy faut qu'ilz s'asseurent d'en fere fere raison
ou l'allant prandre ne sera possible que tel n'en porte la peni-
tance qui sera innocent. Je me recommande tres humblement
à vostre bonne grace, priant Dieu luy plaise, Monseigneur,
vous doint en santé tres heureuse et tres longue vie.

Escript à la Grannegonne, le 9ᵐᵉ de febvrier 1579.

Vostre tres humble et tres obeissant filz,

J[OSEPH] DE P[ONTEVÈS].

---

[1] Dans la copie de Gaoit. Voir lettre XXV.

[2] Salon. Bouches-du-Rhône. arrond. d'Aix, chef-lieu de canton. Le comte
de Carcés y résidait.

[3] Peut-étre s'agit-il de la lettre par laquelle J.-B. de Pontevès lui demandait
de revenir à Callas ? Cf. t. 1. p. 341, note 2. Etant à la Granegonne, Joseph de
Pontevès recevait souvent des lettres de son père que le porteur cachait dans
un bouton de son pour point. Déposition de Jean Lançon, muletier, de Callas,
23 ans. Enquête Thomé, FF. 139.

Le reste des cinq cens florins l'aurès par toute seste semaine,
Dieu aidant.

XXXIV
Joseph de Pontevès à son père
A Monseigneur de Bargène [1],

Monseigneur, je suis bien aise d'avoir le roolle de ceux que
nous vouloint venir metre en pièces si nous eussions estés de
ceste opinion de l'andurer. S'ilz s'asardoint de se metre en
(*sic*) de Grannegonne nous leur monstrerions bien que scavons mieux assallir. Je suis infiniemant marri qu'ilz ne y sont
venus. Monsieur de Vins s'estoit getté à Sallernes [2]. Le grand
nombre de ceux qui y estoint de vostre lieu et le peu de conte
qu'ilz font de mander emologuer l'acord denotte la malice
cachée [3]. Ilz ont pron libre accès ès lieus où se trouve force
argent, qu'ilz en alhent hardimant prandre et mander sans plus
delayer. Autremant n'y a rien de faict. Quant à moi je suis en
lieu où me faut despandre et en espées et munitions et autres
choses que mon honneur me commande que il me seroit du tout
impossible de leur en preter et me contanteray de vous pouvoir mander les cinq cens florins que demandés de pache que
si ledit acord ne tient je continueray annuellemant jusques à
ce que tienne ou que la court en aye dit, et, estant ferme, je
seray exampt d'ici en là de payer ladite somme moyennant
lesdits cinq cens florins. De quoy, s'il vous plaict, me ferez
asseurance. Monsieur de Vins m'escript que le Roy a mandé
vers nous Monsieur le conte de Grignan [4] et Monsieur de

---

[1] Original. Callas, Arch. comm., FF. 136 ; copie, FF. 138, f° 19.

[2] Arrond. de Draguignan, chef-lieu de canton.

[3] Les habitants de Callas avaient ratifié une seconde fois le 2 février 1579,
la transaction du 28 novembre 1578. Jean-Baptiste de Pontevès avait exigé
cette seconde ratification parceque les consuls avaient protesté par avance
contre la ratification du 18 janvier. Cf. FF. 119.

[4] Louis de Castellane-Adhémar de Monteil, comte de Grignan, seigneur
de Moissac, baron d'Entrecasteaux, avait épousé par contrat du 24 mai 1559

Vers[1] pour veoir d'acomoder ces affaires[2]. Il me doibt dire le tout, mais à ce que puis antandre, Sa Magesté aura agreable que ses rebelles razés aient ung bel coup de foet qui serve d'example à ceux qui voudront fouir de fornir à ce que sera de besoing pour son service. Mon frère de Séail[3] l'ay mandé là où m'escripvès. Mon frère d'Esclans[4] se porte bien. Nos affaires generaux ne scauroint aller mieux au monde, Dieu merci ! qu'ilz font. Je croys que en peu de tamps antandrés de plus grandz novelles. Cepandant je me recomanderay tres humblemant à vostre bonne grace, priant Dieu luy plaise, Monseigneur, vous donner en santé tres heureuse et tres longue vie.

Escript à la Grannegonne, le 14 de febvrier [1579].

Vostre tres humble et tres obeissant,

J[OSEPH] DE P[ONTEVÈS].

Pour le regard du bois, il faut que la ville en fornisse, car il me seroit impossible de tant fere. Nous l'avons arresté ainsi et qu'ilz n'y fallent point. J'allai hier donner jusques aux portes de Draguignan où prinmes bien près deux hommes.

Isabelle de Pontevès, fille de Jean de Pontevès, comte de Carcès, et de Marguerite de Brancas. Il se trouva au siège de Metz en 1552, se distingua au siège de la Rochelle en 1573. Par lettres du roi du 7 mars 1579, il reçut commission d'une compagnie de 50 hommes, d'armes de ses ordonnances, fut fait chevalier du Saint-Esprit en 1584, testa le 4 mai 1598, et mourut le 1er août de ladite année. Cf. *Généalogie des Sabran-Pontevès*, p. 39 ; *Généalogie des Castellane*, p. 1,92 ; Biblioth. Méjanes, manuscrit 1133, p. 982 et suiv.

[1] Jacques de Boche, seigneur de Vers, baron des Baux, sénéchal de Beaucaire.

[2] Cf. *Lettre de Catherine de Médicis*, t. VI, p. 288.

[3] Jean-Baptiste de Pontevès.

[4] Fouque de Pontevès.

XXXV

Joseph de Pontevès à son père

A Monseigneur[1],

Monseigneur, ma fame vous fera antandre les moyens que je pris pour le presant trouver à fere trouver argent pour l'emologation qu'est l'importance, comme aussi de vous fere payer les lods et autres actes que monstrent comme l'acord s'est executé, qu'est le conseil que me dit monsieur le marquis[2]. Nous tenons quatre ou cinq plasses assiegées, mais surtout ceux de Solliers[3] sont tenus de fort près par leur seigneur[4] qui les veut recepvoir à aucune composition pour ce que l'ont trompé par deux fois. Vous entendrès en peu de jours que je seray bien triplemant acompagné estant arrivé à Aups M. de Brussalles avec sept ou huict cens harquebusiers et cens chevaux. Monsieur de Vins a deffaict deux cens hommes de Tollon[5] que venoint en secours à ceux de Solliers et en a retenu prisoniers vint et cinq ou trente des principaux que exchangent pour des piesses. Le Roy a mandé vers nous le sieur conte de Grignan et de Vers. Je n'ay point encores parlé à monsieur de Vins pour savoir les particularités. Me recomandant tres hvmblement à votre bonne grace, priant Dieu luy plaise, monseigneur, vous donner en santé tres heureuse et tres longue vie.

De la Grannegonne, le 19 de febvrier [1579].

Votre tres humble et tres obeissant,

J[oseph] de P[ontevès].

[1] Original. Callas. Arch. comm. FF. 136; copie FF. 138, f° 20.
[2] Sans doute Claude de Villeneuve, marquis de Trans, beau-père du signataire.
[3] Solliès-Pont. Arrond. de Toulon, chef-lieu de canton.
[4] Palamède de Forbin.
[5] Toulon.

XXXVI
Joseph de Pontevès aux consuls de Callas

A Messieurs les consulz de Callas

à Callas [1],

Messieurs les consulz, suivant ce que m'avés escript j'ay
taut faict que le cappitaine Sigallone escript une lettre à ung
sien beau frère pour vous preter six cens florins comme verrès, mais faut que y mandiès prontemant. Je seray prompt à
vous fere tous plaisirs, m'asseurant de vostre bonne volanté
combien que on m'a asseuré que estoit parti de vostre lieu une
grosse trouppe pour venir aider à ceux que me vouloint venir
tuer ici. Cella n'est pas bon, s'il est ainsi. Me recomandant
de bon cœur à vostre bonne grace de tous, priant Dieu vous
doint la sienne.

Escript le 19 de febvrier 1579 aux Grangonnes.

Vostre fort asseuré et bon amy,

CALLAS.

XXXVII
Joseph de Pontevès à son père

A Monseigneur [2],

Monseigneur, ceste nuit passée monsieur de Vins est venu
dormir avec moy. Tous noz affaires vont le mieux du monde.
Il n'y a qu'une chose que nous avons sans mantir tant de géns
que ne scavons que en fere. Par ce que j'ay escript à ma fame
entendrès comme toutes choses passent. A quoy vous plairra
adviser au meilheur. Me recomandant tres humblemant à vostre bonne grace, priant Dieu luy plaise, monseigneur, vous
doint en santé tres heureuse et tres longue vie.

Escript à la Grannegonne, le 2me de febvrier [1579] de nuit.

Vostre tres humble et tres obeissant,

J[OSEPH] DE P[ONTEVÈS].

---

[1] Original. Callas. Arch. comm. FF. 136; copie FF. 138, f° 23 v°.
[2] Original. Callas. Arch. comm. FF. 136; copie FF. 138, f° 20 v°.

XXXVIII

Joseph de Pontevès aux consuls de Callas

A Messieurs les consulz de Callas [1],

Messieurs les consulz, je vous prie qu'aulcun de Callas de ceux qui sont à ma trouppe ne soint point folés et que n'ayent poinct de mal a peine de s'en prendre à ceux qui l'auront faict et à vous mesmes et à aultres qu'en porront estre inocens. Me recomandant à vous. De Bargème, ce vme mars 1579.

Vostre bon et singulier amy,

CALLAS.

Je vous prie donner ordre de mander prontemant à Granoble [2] comme avons arresté et que j'aye response du tout.

XXXIX

Memoyres [3]

Les bestes que ont emmené les trouppes de monsieur de Vins.

Et premièrement Piere Magnaud, ont esté prins au teroyr de Bargeme ses beufz + a Callas quant monsieur de Vins s'en est en allé dernieremant a esté prins ung mullet de poil noyr de Barthelemy Giraud et des gens de la compagnie de monsieur dau Villar l'ont + A Jehan Guigo a esté prins ung asne de poyl blanc et est à Castelviel avec les gens de Callas + A Lucquet Cosset une saume noyre + A Jehan Sauvaire ung asne blanc + A Gaspar d'Olivière une saume blanche, ung asne de poyl noyr qu'est de [4]   de la compagnie de monsieur dau Villar + ung asne noyr de Suffren Fauchier + ung asne de Jean Gardon dit Perus. — Yer jeudy cinquiesme mars feut tenu icy conseil vieux et nouvel que Muissel et Bonifacy

---

[1] Original. Callas. Arch. comm. FF. 136; copie, FF, 138, f° 23 v°.

[2] Afin de faire homologuer la transaction du 28 novembre 1578.

[3] Original de la main de Jean Baptiste de Pontevès et copie. Callas. Arch. comm. FF. 136; autre copie FF. 138, f° 27.

[4] En blanc dans le texte.

Giraud, Jean Mario Parpel et autres dirent et déclararent ne
vouloyent que la transhaction en nulle sorte passast et que ne
vouloyent que l'on l'allast amologuer, aussy que ne vouloint
la ville me payast en nulle sorte les cinquante escus que Callas me doybt et que s'il me doibt qu'il me paye et je delibere
d'estre payé ou seray que s'en parlera. L'on cuyda tuer Pierre
Caton, sindic, au conseil et disent que nous a esté favorable
et que le vouloyent oster de sindic et dimenche en vouloyent
faire ung autre. Et ledit jour Antoine Magnaud, frère de
Pierre, donna à l'autre ung soufflet au sindic Vachier et tira
ung coup d'allebarde au sindic Pierre Catton qu'est miracle
que ne le tua, que sont choses grandemant scandaleuses et des
gens des Raisèz de ceste ville ont dict que me vouloyent venir
assieger, disans que *son filz de Callas los vollio fare anar
tuar, nous a monstrat lo camin*, mais ilz attrouveront à qui
parler. Ledit jour Jacques Cat, de Callas et autres me prindrent
mes bestes venant du boys que me trouve grandemant fasché.
De Callas, ce 6 mars 1579.

BARGÈME.

Fragment de lettre[1]
(de la main de Jean Baptiste de Pontevès)

... que n'en ay eu 'rien. Et monsieur de Vins estant ysy en
presance de Joseph me dict que me baylheroyt de contribu-
siouns a savoir les lieus de Callas à tant, Clavier à tant,
Mounferat et Chasteldouble à tant, et en lieu que les aie peu
avoir ledict Joseph les fet pacer hourdinèrement que me a
ruyné et voyant que se monquent ensins de moy m'en trouves
fort faché. Et monsieur de Vins avec ses troupes hount[2] ledit
Joseph y estet avec ung regiment et i vint un samedi.....

---

[1] Original, Callas, Arch. comm., FF. 136; copie, FF. 138, f° 26 v°.
[2] Dans la copie où.

XI.

Joseph de Pontevès à son frère Pierre de Pontevès

A Monsieur mon frère,

Monsieur de Brovès [1],

Monsieur mon [frère] [2], je me soucie assés peu de tout ce que on peult iniquement proposer de moy, pourveu que ma conscience soit nette comme je la tiens et me contenteray que d'estre traité de la seule façon que je desire aux aultres, tout en seroit beaucoup mieulx mais c'est que Dieu est encores courroussé. Nos gens ont trouvé à Séranon [3] une chose infinie de bled et si se va manger en quelque lieu ce sera en aultre part que là où dittes où ne fault que doubtez aucunement si ce n'estoit qu'ilz liçent voeyr à l'œilh de se volloir moquer des gens, ce que je ne puis croire. Le Castellet [4] est remis à trois mil escus de ranson. Je faiz pour luy ce que se peult. Me recomandant humblement à vostre bonne grace, priant Dieu luy plaise, monsieur mon frère, vous donner bonne et longue vie.

Escript à Bargème le ixme de mars [1579].

Vostre très affectioné frère à vous obeyr.

CALLAS.

Je vous prie fere bailler à Mandin deux de mes arquebuses que sont demeurées dans le château avec une saque de laine que me fera conduire.

---

[1] Copie. Callas. Arch. comm., FF. 138, f° 29 v°.

[2] Pierre de Pontevès.

[3] Alpes-Maritimes, arrond. de Grasse, canton de Saint-Auban.

[4] Antoine Brun, de Draguignan, 22 ans, seigneur du Castellet. Cf. sa déposition. Enquête Durand, FF. 138. Il avait été fait prisonnier à Figanières, le mardi gras, quand les troupes carcistes revinrent à Callas pour la seconde fois.

XLI

Lettre de Françoise d'Agoult à son filz Joseph de Pontevès

A mon filz,

Mon filz de Bargème et Callas [1],

Mon filz, j'ai receu deux de vous lettres toutes à coupt, et
en faulte d'auttres propos, je vous advertirey icy par ung
roolle une partye de nostre maleur, que ne le vous puis pas
entièrement reconter à cause quand estions prisonniers au
chasteau et voulloient fère quelques desordre nous faisoient
retirer à la chambre, et despuis que je suis chez Mᵉ Jean Giran
ne me layssent parler à gueyres de gens, et à present je parle
bien aux gens de la ville, mais quand je vins icy en ville
firent fere ung bandon [2] qu'est personne ne me vint parler.
Y auroit beaucoup d'aultres gens que le vous sauroient mieulx
dire que moy. Je verrey voir d'aller voir vostre sœur de Barrème [3] comme me mandés en vous deux lettres quand je deb-
vrois aller à pied. Raymond Magniaud [4] m'a promis de me
fere compagnie avec deux bestes [5]... de vous mander le
roolle des bledz d'Esclans [6]. Honoré Perne y est allé et la
entaille dessus de Pennefort et Clapoyrit fault fere tirer les
actes à Mᵉ Aubin et Mᵉ Digne. Sy j'eusse heu loysir quand
Mᵉ Digne me vint voir je luy voulois donner la charge, mais
incontinent y furent les deux consulz et Bonaud le vieulx. De
tous nostres papiers sont brulés une partye et l'aultre est chez

---

[1] Copie, Callas. Arch. comm. FF. 54. La communauté prétendit que cette
lettre avait été fabriquée après coup. Il semble résulter de l'enquête qu'elle
est authentique. Cf. FF. 55.

[2] Proclamation, ordonnance,

[3] Isabeau de Pontevès, mariée à Honoré dit Ours de Villeneuve, baron de
Barrème et de Brunet.

[4] C'est dans la maison de Raymond Magnaud qu'habita Joseph de Pontevès pendant que son régiment était à Callas. Cf. dépositions de Antoine Bar-
rin, de Montauroux, charpentier, 60 ans. Enquête Thomé, FF. 139.

[5] Il y a sans doute ici des mots passés.

[6] Cette seigneurie fait maintenant partie du territoire de la Motte, arrond.
et canton de Draguignan.

Sossy. Le père et le filz en font marchandize. Et ont acomencer despuis qu'estions en prison et s'en jouir et mesme le cappitaine Astroiny, de Figanière, aussy le sieur dau Muy et de la...

Asseuré[s] vous que la perte que nous ont faict en ceste ville nous va de cent mille escuz sans y comprendre la personne de monseigneur auquel li ont faict plus pastir que sy fust esté en mains des Turcz. En demeurant moy là au chasteau ly avoient faict beaucoup, mais despuis que suis estée hors du chasteau, ny ont faict beaucoup plus. Le soir, sur nuict, y allent cinq, six harquebuziers, en li piquant fort à la porte et disent : « *ouvre, Perrotin* ». Et Pennafort, vostre frère [1], y venoit respondre : « Que voullé vous, messieurs, attendez au matin ». — « *Dubre, filz de Perrotin, ly vollen tuar, tu et ton payre* ». Y fallet ouvrier. Et puis, quand estent à la chambre, regardoient partout avec harquebouzes et halabardes, l'un disent : « *Sy tu non nous duebres prest, une aultre fès ly tueren tu et ton payre* » [2]. A tout d'aultres soirs ne voulloient pas que vostre frère de Pennafort dormit plus à la chambre, et monseigneur lui diset : « *Ne veullent que dormiez icy pour ce que me veullent venir tuer ceste nuict ; regardès moy au cou que sera pers m'esteguerout* ». D'aultres jours ilz y faisoient venir d'enfans avec de bastons pour le battre. Et ung jour luy mirent le las au cou, luy faisoient escripre une lettre. Mondict seigneur allet escripre ainsy que ly disent, mais quand vint à soubsigner, monsieur ne la voulhit pas soubsigner, et ilz ly disent : « *Escrips* ». Ainsins des choses que l'ong m'a dict, sy mondict seigneur heust escript ce qu'ilz voulloient, tout nostre bien estoit confisqué, ce que mondict seigneur ne voulhit jamais fère mais luy dict : « *Laissez moy fere ma coufession generalle, et puis tués moy. Je ne*

[1] Balthazar de Pontevès, dernier fils de Jean-Baptiste.

[2] Si tu ne nous ouvres promptement, une autre fois nous le tuerons, toi et ton père.

veulx pas que mes enfans perdent ce qui est sien. [1] »... Aye
heu telle patience qu'il en soict en paradis.

Me recommande bien de bon cœur à vostre bonne grace,
priant Dieu, mon filz, vous doint tout ce que désirés.

De Callas, ce 20ᵐᵉ juilliet 1579.

Vostre bonne mère,

FRANCOYSE DE AGOUT.

Qu'estoit le vendredy avant Pasques fleurye [2] allarent
trayer le chasteau, Jaques Sossy comme cappitaine, Bonifay
Giraud, consul vieulx, Claude Mussel, fils du vieulx, consul,
Anthoyne Magniaud, Jehan David, Anthoyne Ris, Pascal
Giraud, Anthony Mège, Honorat Bonaud, Jehant Felix, dict
de Matience et Honnorat Garret, Michel Beylon, Jehan de
Lève [d'Olive], Lucquet d'Olivière, dict Bras d'Or. Et quand
et quand allarent treuver monsieur en sa chambre, Jaques
Sossy et Bonifay Giraud et Honorat Bonnaud et blessarent
monsieur que pensarent qu'il fust mort. Et j'estois à la porte
de la salle pour garder que les aultres n'entrassent. Je ouys
crier et m'en vins à la chambre de mondict seigneur et mondict seigneur heust fermé la porte, Jehan David print une
destral [3] et rompit la porte et a trouvés mondict seigneur tout
blessé et m'otarent incontinent mes clefz à mondict seigneur
et moy et prindent incontinent le coffre d'assier que y avoit
douze mille escuz à Brovès [4]. L'ong dit qu'il avoit beaucoup
d'argent à Pennafort ; unze escuz, à moy ; quattre centz escuz
à ma caisse d'auprès de la rayre chambre ; ce que je y avois
valloit plus de mille escuz, cheynes, perles, aultres precieuzés
bagues, que l'ong sait que j'en avois beaucoup. La caisse d'apprès d'amprès la gallerie y avoit douze douzaines de serviettes

---

[1] Mots passés dans le texte.
[2] C'est-à-dire le vendredi avant les Rameaux, 10 avril 1579.
[3] Ou destrau, cognée.
[4] Pierre de Ponterès.

primes [1] et trente longières [2] primes, autant de moiennes, quattre douzaines de toualles [3]. A la caisse d'auprès de porte de la chambre de monsieur y avoit une douzaine de linceulz [4], deux douzaines de serviettes, deux toualles et deux longières. A la caisse d'auprès du lict de monsieur y avoit quattre douzaines de linceulz prins et six douzaines de moiène et force succre et spiciarie [5]. Au grand coffre d'auprès de mon lict y avoit troys douzaines de linceulz et vingt cinq toualles que je avois faict qu'estoient encores toutes neufves, douze de cueur [6] et treze pour le mesnage. A la caisse d'auprès de la chambre sourne [7] y avoit six linceulz de trois toylles [8] et demye et quatorze pans [9] de long et aultres six linceulz de deux toylles et douze pans de long et qu'estoient tous neufz qué n'estoient encores tenus. Personne ne tenoit la clef de ce que dessus que moy.

S'ensuit le linge que tenoit la chambrière Antorrone pour le service de la maison. Premièrement, à la chambre sourne y avoit deux douzaines de linceulz d'estouppe, quattre belles vanes [10], six sacques [11] pour apporter la leyne, beaucoup d'aultre meuble pour le service de la maison. A la caisse d'Antho-ronne y tenoit huict douzaines de serviettes, troys douzaines de toualles, dix huict longières, troys douzaines de buffet. A la caisse de la salle y avoit trente linceulz, que cella la chambrière tenoit en compte pour le service de la maison. A la chambre de monseigneur y avoit deux lictz ; chaque lict avec

---

[1] Fines.

[2] Sortes de nappes plus longues que larges.

[3] Nappes.

[4] Draps de lit.

[5] *Especiaria*, épicerie.

[6] Sans doute, de chanvre de la meilleure qualité.

[7] Obscure.

[8] C'est-à-dire linceuls faits de 3 largeurs de toile ajoutées. La toile avait environ 1m10.

[9] Le pan était le huitième de la canne, c'est-à-dire 0m,24870.

[10] Couvertures de lit faites d'une couche de coton entre deux tissus légers.

[11] Gros sacs.

sa sacque [1], matellats et cousse [2], couverte [3] rouge et vane blanche. La cortine [4] d'au devant et les rydaulx de damas vert [5]; le pavillion du petit lict de fine toille avec le passement et y avoit trente deux toilles avec le petit pavallon. De dessus la riere chambre aussy deux lictz avec sacque, matellatz et bonnes couvertes. La chambre de monsieur toute tapissée de tappis jaulne et rouge et la table et le buffet. A la salle tappissée, de buffetz, tables et banc. La première chambre, deux lictz avec sacque, matellatz, cousse et coyssin [6], couverte de drap et vane faicte à trageye [7] et courtines blanches.

La 2me chambre aultant tapissée, buffet, table et banc avec ses chières et escabeaux; la tierce et la quarte aultant; à la petite chambre d'auprès de la quarte y avoit un lict avec une curtine de cadictz [8] vert et ridaulx. A la chambre rouge deux lictz avec sacque, matellat et cousse, cortines blanches, tappis sur le buffet et table, de[s] tappis faictz à personnages. A la garde-robbe pleyne de tapisserie de toute sorte et beaucoup d'aultre chose. A la chambre basse estoient les accoutrementz de monsieur et le[s] miens qui en avoit beaucoup. Et y avoit plus de quattre charges de papiers à l'estude de monsieur; aussy tant à son armayre que dessus la table y avoit beaucoup de papiers et quitances de la maison. En toutes les chambres y avoit deux cafuocz [9] et la salle aussy. A la cuysine 2 hastières [10], 2 cafuocz, huict douzaines d'estain [11], six potz gros, 6

---

[1] Paillasse.
[2] Traversin.
[3] Couverture.
[4] Rideau, voile.
[5] Etoffe de soie ayant des fleurs de la couleur du fond.
[6] Coussin.
[7] Couverture piquée en carrés.
[8] Cadis, étoffe de laine, étroite et grossière.
[9] Cafuec, chenet.
[10] Astiero, hitier, chenet de cuisine muni de crochets sur lesquels on place les broches à faire rôtir.
[11] Cruches d'étain.

moiens et 6 malagracies [1], 6 oulles [2] cuir et de ferre [3] et tout
aultres mesnaiges de cuysine. A la carnarie [4] y estoit toute la
ferramente [5] que faisoit besoing à la maison, deux perpaulz [6],
une masse [7], marteaux, coudes [8], encapes [9], cougnés [10], l'espa-
tines [11], six ayssades [12], six ayssadons [13], d'ailhoullames [14], ber-
res [15], berrions [16], deux gros naucz [17], deux jarres pleynes de scel,
aultres choses necessaires à la maison. A la despence aussy estoit pleyne de tout mesnage que faict besoing au service de la
cuysine. Au deux harmaires [18] de ladicte cuysine tous plaine
d'asebicz [19] et de confitures necessaires à mondict seigneur.
Au fourt lonte [20] avet quattre maistres [21] à paster de pain, quat-
torze tables, douze tamis que ny avoit de toute sorte. La jar-
rarie y avoit vingt cinq jarre iou_es pleynes d'huille, troys
jarres de dix couppes [22] la piè_ et d'aultres, deux charges [23],
quattre sacz d'amandres [24], un_ sac d'avellanes [25], la caysse

1 Mesures pour l'huile.
2 Marmite, pot.
3 De cuivre et de fer.
4 Débarras.
5 Outils de fer.
6 Parpal, pauferre, levier.
7 Gros marteau de fer.
8 Coudier, petit vase de bois dans lequel les faucheurs portent de l'eau pour
mouiller la pierre à aiguiser.
9 Encap, marteau de faucheur servant à réparer le tranchant de la faux.
10 Coins.
11 Nous n'avons trouvé aucune interprétation de ce mot.
12 Houe.
13 Houette, serfouette.
14 Peut-être faut-il lire dailh (faux), oullames pour roulames (faucilles).
15 Filet pour transporter du foin, de la paille, etc.
16 Id.
17 Auge, vaisseau.
18 Armoires.
19 Agebi, prune ou raisin à moitié séchés sur l'arbre.
20 Contre, à côté.
21 Mastra, pétrin.
22 La coupe pour l'huile équivalait à 28 k. 263.
23 La charge était de 10 panaux; le panal équivaut à 1 décalitre 68349.
24 Amandes.
25 Noisettes.

qu'estoit demye de figues. Au grenier y avoit encores cinquante charges de bléd anonne [1], vingt charges de farine,
environ douze charges d'avoyne, de paumolou [2] et ordi pellé [3],
la playne caysse de noses [4], quarante neuf livres de filet blanc
que j'avais filé, vingt cinq livres de ceur que n'avois encores
filé, deux quintaulx [5] de chanvre tout prest à pigner, ung
quintal et demy de lin aussy prest à pigner, deux cestier [6] de
grene de lin, quatorze paignes tant groses que petites pour
paigner le chambre [7] et lin ; y avoit 18 jarres nostres et beaucoup de la ville qu'avoit emprunté monsieur de Brovès [8]
qu'estoient toutes plaines d'huile que l'avoit achepté, reservé
une que estoit pleyne de scel que estet routte [9] et beaucoup
d'aultres choses que ne me souvient ; que scavez, revayrions
de toutes choses d'ung an [en] aultre. Au scellier, premièrement y avoit à la petite chambre douze grans [10] pour secher
les figues, quattre banastes [11] pour vendenger, deux douzaines
de banastons [12] pour vendenger, quattre beaulx banastons pour
tenir les nappes, troys bregos [13] et aultres tables. Au grand
scellier y avoit cinq tines [14], quattre que nont prins dem premier, une de cent charge, une de cinquante, la muscade [15] de
des [16] et une aultre de douze qu'estoit à la grand crotte [17],

---

[1] Froment.
[2] Paumelle, espèce d'orge.
[3] Orge nue, distique.
[4] Noix.
[5] Le quintal équivaut à 40 k. 37500.
[6] Le setier valait 2 panaux.
[7] Chanvre.
[8] Pierre de Pontevès.
[9] Cassée.
[10] Claie en roseaux.
[11] Manne.
[12] Petite manne.
[13] Broie ou brisoir, instrument servant à briser notamment le chanvre.
[14] Cuve.
[15] Pour le muscat.
[16] Dix.
[17] Cave.

apprès le veysseau bonadies[1] que tenet cent quarante couppes ;
trongones, cent et des, qu'estoit plain ; apprès ung veyssel[2] de
40 couppes que ny avoit rien, une boutte[3] que avions achepté
de M. Tienme de douze couppes playne de ving blanc ; apprès
deux bouttes de dix huict couppes chascune qu'avions achepté
de Peyrin plaines, une de vin blanc et l'aultre de claret ;
apprès dessoute les degrès un veysseau de quatorze couppes
plain, plus dessoubz les degrès quattre bouttes muscades ;
l'aultre costé de la grand crotte, veysel de quarante couppes ;
apprès le veyseau de Perraymond de quarante couppes plaines ;
apprès veyseau de dix sept couppes plain. A la première
petite crotte une boutte de dix couppes de vin blanc que
gardions pour le moys d'aoust, une aultre boutte de six couppes de vin blanc pleyne, ung veyseau de quarante couppes
plain de vin de Jullian. A la seconde dicte crotte tres bouttes
de vin blanc playnes de quattre couppes la pièce, un veyseau
de dix sept couppes plain. Comme scavez, je delaisse beaucoup de choses à mettre que n'est possible de se souvenir de
tout. Comme pouvez voir que delaisons mettre de fustaille[4],
tables, ferramentes. Seullement les ambres[5] que m'ont rom-
pus, porté en ville, vallent plus de trente florins[6]. Les roses,
huilles, cire, mièz[7], que scavez que tenois tousiours provision
de tout. Au gallinnier[8] ont treuvé plus de six-vingt pièces
de poulaille tant cappons que gallines que n'on: encores
beaucoup en leurs maisons. A l'establé y ont treuvé quattre
beuf, cheval et mulle de bast, cheval de monsieur de Brovès,

[1] Bonadies et trongones, sans doute le nom des « veysseaux » c'est-à-dire
des foudres.
[2] Barrique contenant jusqu'à 2 hectolitres.
[3] Tonneaux.
[4] Ustensiles de bois.
[5] Grosse bouteille de verre où l'on met du vin, du vinaigre avec des plantes
aromatiques.
[6] Le florin valait 16 sous provençaux.
[7] Miel.
[8] Poulailler.

deux harayres[1], deux relles[2] et deux seloires[3] et tout leurs
fournimentz. Ne vous fault pas dire que ont razé le chasteau,
ny l'establerie, le jardin, pré que en font l'envaire[4] de la
ville. Comme je dis à monsieur Martini et aultres que peu
parler que si estoit estimé par gens non suspectz, je vous
laisse penser que seroit estimé.

XLII
Alphabet conventionnel[5]

m   a   Letre a avec trois poins, monseigneur, et avec ii poins
servira pour madame, avec i point servira pour monsieur le marquis[6] et a sans point servira pour letre m.

n   b   La letre b avec trois poins servira pour monsieur des
Ars[7], et avec ii poins servira pour Teneroun[8] et avec
ung point pour les gens de Draguir[1] an et sans point
pour n.

o   c   La letre c avec trois poins les gens de Callas, et avec
deux poins pour la rante de Callas[9] et avec i point
pour les conselhiers Fabry[10], d'Aix, et sans point de
point pour letre o.

p   d   La letre d avec trois poins servyra pour monsieur de
Carsès[11] et avec ii poins pour madame de Carsès[12], et

---

[1] Charrues.

[2] Socs.

[3] Espèce de charrue à coutre et à versoir en usage notamment dans les territoires de Fréjus, Grimaud, Cogolin. Ce même mot signifie aussi long avant train de charrue.

[4] Place publique.

[5] Original. Callas, Arch. comm. FF. 136, copie FF. 138, f° 28. Dans le manuscrit la lettre désignée se trouve dans le premier cas entre 3 points ainsi disposés .˙.

[6] C'est-à-dire Claude de Villeneuve, marquis de Trans.

[7] Gaspard de Villeneuve, baron des Arcs.

[8] Honoré de Grasse, seigneur de Tanneron.

[9] C'est-à-dire la pension seigneuriale.

[10] C'est-à-dire Raynaud et Nicolas Fabry, coseigneurs de Callas.

[11] Jean de Pontevès.

[12] Marguerite de Brancas, fille de Gaucher de Brancas, baron de Céreste et d'Isabelle d'Agoult de Montauban.

avec i point pour monsieur de Vins, et sans point pour letre p.

q   e   La lettre e avec trois poins servira pour Callas [1] et avec ii poins pour Brovès [2] et avec ung point pour Seail [3] et sans point pour letre q.

r   f   La letre f avec trois poins servira pour Penafort [4], et avec ii poins pour Exclans [5] et avec ung point pour les anfans de Callas [6] et sans point pour la letre r.

s   g   La letre g avec trois poins servira pour ma filhe de Bareme [7] et avec ii poins pour ma filhe de Callas [8] et avec i point pour madame de Trans [9] et sans point pour letre s.

t   h   La letre h avec trois poins servira pour houy, et avec ii poins pour non, et avec ung point pour vous et sans point pour letre t.

u   j   La letre j avec trois poins servira pour les chevaus, avec ii poins servira pouour les bestes de bast et avec ung point pour les beufs et sans point pour letre u.

z   l   La letre l avec trois poins servira pour mon pere et avec ii poins servira pour frères et avec i point pour seurs et sans point pour letre z.

a   t   La letre t avec trois poins servira pour le grant pré [10], avec ii poins pour bel repaire [11], avec ung pour Esclans [12] et sans point de point pour letre a.

---

[1] C'est-à-dire Joseph de Pontevès.
[2] Pierre de Pontevès.
[3] C'est-à-dire Jean-Baptiste de Pontevès.
[4] Balthazar de Pontevès.
[5] Esclans. Fouque de Pontevès.
[6] C'est-à-dire Claude et Antoine fils de Joseph.
[7] Isabeau de Pontevès mariée à Ours de Villeneuve, seigneur de Barrème.
[8] Louise de Villeneuve, femme de Joseph.
[9] Marguerite de Pontevès, fille de Jean de Pontevès, comte de Carcès, femme de Claude de Villeneuve, marquis de Trans.
[10] Un pré qui appartenait au seigneur.
[11] Bastide de Beaurepaire appartenant au seigneur.
[12] Sans doute le territoire de cette seigneurie.

a m   La letre m avec iii poins priant Dieu vous doint en santé sa grace, et avec ii poins de Callas et avec ung point pour Aix et sans point de point pour letre a.

b n   La lettre n servira avec iii poins le lieu de Callas et avec ii poins pour Bargème et avec i point pour le lieu de Brovès et sans point de point pour la letre b.

c o   La letre o avec trois poins servira pour la ville d'Aix avec ii poins pour Marselhe et avec i point pour Fregus et sans point de point pour letre c.

d p   La letre p aient trois poins servira pour les beufs, et avec ii poins pour l'aver[1] et avec ung point servira pour pourseans et sans point de point pour letre d.

e q   La lettre q avec trois poins servira pour le Parlement et avec ii poins les gens du Roy et avec i point les grefiers et sans point pour letre e.

f r   La letre r servira avec trois poins paur l'usier et avec ii poins servira pour avoquat et avec un point pour procureur et sans point pour f.

g s   Le letre s servira avec trois poins pour de blé anonne[2] et avec deux ii servira pour de blé mytadier[3] et avec ung point servyra pour d'avayee et sans point servira g.

h y   La lettre y avec iii poins servira pour de papier et avec deux poins pour letre et avec i point pour chemises et sans point pour h.

j u   La letre u avec trois poins servira lances, aveques ii poins pour arquebouzes et avec i point pour expée et sans point pour le j.

l z   La lettre z avec trois poins pour le castel et avec ii poins pour la bastydo et avec i point le moulin et sans point de point pour letre l.

---

[1] Troupeau.

[2] Froment.

[3] Méteil, mélange de seigle et de froment.

t x[1]   La letre *x* avec trois poins servira pour le grant gardin et avec ii poins servira pour de gip[2] et aveques i point servira pour de chaus et sans point de point pour letre t[3].

ERRATA

Pages

129 [12] 14ᵐᵉ ligne. Au lieu de *faches* lire *talhes*.

181 [19] note 2. Le nom du 1ᵉʳ consul d'Aix, seigneur de Meyrargues, est Claude d'Alagonia.

241 [26] note 2, avant dernière ligne. Au lieu de *Comp* lire *Comps*.

245 [30] 3ᵐᵉ ligne. Vellaquerie. M. Aude, conservateur de la bibliothèque Méjanes, d'Aix, m'écrit que ce mot vient de l'italien (vigliacherria) et signifie vilenie, lâcheté. Il est employé par Brantôme (Edit. Lalanne, t. vii, p. 16) sous la forme *riellaquerie*.

246 [31] note 1, ligne 2. Au lieu de *seigneur de Glanderès*, lire *seigneur de Cuers*.

---

[1] Signe particulier ressemblant à un *z* précédé d'un j employé par les procureurs après la lettre z quand ils cotaient les piéces d'une procédure.

[2] Plâtre.

[3] A-t-il été fait usage de cet alphabet? C'est peu probable, d'autant plus que la lettre t est remplacée par 2 signes différents: h et x; de même que le mot *bœuf*; p avec 3 points et j avec un point. Ces erreurs s'expliquent par ce fait que Jean-Baptiste de Pontevès n'avait plus toute sa mémoire quand il combina cet alphabet conventionnel. Lors du séjour des troupes de de Vins à Callas, il avait été chargé de donner le mot de passe. Il lui arriva une fois de désigner comme mot *saint Roch* et quelques minutes après, il prétendit qu'il avait choisi *saint Barnabé*. Cf. déposition de Bernardin Prévot, prêtre, de Callas, 56 ans. Enquête Durand FF. 138.

TABLE ONOMASTIQUE [1]

---

[1] Les chiffres romains indiquent le tome; les chiffres arabes, la page. La pagination du tirage à part est entre crochets.

DESACIDIFIE
à SABLE : 1994

www.ingramcontent.com/pod-product-compliance
Lightning Source LLC
Chambersburg PA
CBHW051232030726
47595CB00003B/863